Werner Laraß

Das Titanic-Jubiläum

Satire

Um diesen Text besondere Verdienste erworben haben sich

durch Zugang zu datenverarbeitender Infrastruktur: **Nicola Wick;**

durch Fachberatung und tatkräftige Mithilfe bei der Detailgestaltung sowie bei der Endmontage des Einbandes**: Peter Morath;**

für weitere Mithilfe bei elektronischen Bastelarbeiten: **Klaus-Peter Wagner** und **Anton Überla.**

Mein Dank an diese Personen wird im Gegensatz zu manchen Schiffen nie untergehen.

Der Reisebegleiter, der sich an dem Vorhaben beteiligen wollte, ist leider schon vor dem Ablegen in der Versenkung untergegangen.

Werner Laraß

Das Titanic-Jubiläum

Satire

Dieser Text ist nach den Regeln der deutschen Rechtschreibung vor August 1998 verfaßt. Jegliche Bearbeitung im Sinne des Diktats der nachfolgenden „Reform" bei Zitaten ist untersagt.

Werner Laraß; Das Titanic-Jubiläum.
2002 im Selbstverlag
Illustrationen und Einbandentwurf vom Verfasser
Alle Rechte beim Verfasser
Herstellung: Books on Demand GmbH, Norderstedt
ISBN:3-8311-2523-6

arglos

Die Erbtante war immer nur die Erbtante gewesen; sie hatte sich selbst nie anders verstanden, und alle hatten sie offen ins Gesicht so genannt. Nach fünf Ehemännern kurz nacheinander, die alle arm oder tot zurückblieben, ohne eigene Kinder lebte sie fröhlich geschieden und verwitwet nur noch dem Ziel, ihren Reichtum auszukosten. Sie hatte nicht gespart, aber immer war klar gewesen, daß genug übrig bleiben mußte, denn sie spielte nicht und spekulierte nicht, und ihr anspruchsvolles Leben genügte nicht einmal, die Zinsen aufzuzehren. Alle konnten sich guten Gewissens an ihr als einer Lebenden erfreuen, denn ihr Dasein nahm ihnen nichts, und solange sie noch munter herumlief, verstreute sie geschmackvoll und treffend ausgesuchte Geschenke. Sie war die persönlich verkörperte Vorfreude, und also war Aggi ein bißchen wirklich traurig, als die lebhafte alte Dame mitten aus ihrer Umtriebigkeit heraus schon mit Anfang achtzig ganz plötzlich einem Herzinfarkt erlag.

Aggi hieß eigentlich Aglaia; wenn man Eltern mit den Vornamen Monika und Horst hat, ist das vielleicht verzeihlich. Sie allerdings neigte dazu, schamhaft zu verschweigen, wie man sie standesamtlich angemeldet hatte (getauft worden war sie ziemlich selbstverständlich als Angehörige ihrer Generation nicht mehr). Aggi war Anfang zwanzig und lebenslustig, und die Erbtante hinterließ, ihrem Amt gemäß, ein freundlich gestaltetes Testament: „Weint nicht um mich, aber denkt bitte manchmal daran, woher ihr es habt, wenn ihr mein Geld ausgebt." Es war eine ganze Menge, so, daß jedes Mitglied der weitverstreuten Verwandtschaft genug bekam, um daraus eine deutliche Steigerung des Lebensgefühls zu ziehen, nicht so viel allerdings, daß sich irgend jemand damit hätte zur Ruhe setzen können. Dies schon deshalb nicht, weil die Erbtante ihre Stellung ernstgenommen und wirklich niemanden ausgelassen hatte, bis hin zum Briefträger.

Aber besonderen Jubel bewirkte bei der Nichte Aggi, daß niemand sonst die Schiffspassage haben wollte, die sie hinterließ und die im Letzten Willen gar nicht ausdrücklich erwähnt wurde. Sie war also allen Erben gemäß gütlicher, vor allem aber schneller Einigung zur Verfügung gegeben, denn die Fahrt stand innerhalb von zehn Tagen bevor. Aber sonst hatten alle ihre Termine schon gemacht, und daher übernahm Aggi sie nicht nur gütlich, sondern sogar zur Beruhigung aller, daß kein Wohlstand ungenutzt verfiel. Die Erbtante hatte sicher damit gerechnet, solange noch zu leben, bis sie die Fahrt verkostet haben wollte. Eine Doppelkabine war einzeln gebucht, anspruchsvoll, wie sie immer war, und deshalb konnte Aggi sofort Hubsi anrufen. Das zweite Bett war noch zu haben, die Reederei hatte natürlich keinen Einwand gegen eine zusätzliche Belegung, Hubsi konnte sich frei machen, und alles war schnell geklärt. Auf das Andenken an die liebe, teure Tante ging man also auf Seereise.

Hubsi war knapp älter als Aggi. Sein eingetragener Name lautete Hubert, welchem Umstand man wiederum zugute halten muß, daß seine Eltern Genoveva und Aldebaran hießen. Er war abenteuerlich selbständiger Geschäftsmann, nie hinreichend erfolglos, um zu verhungern, und niemand wußte, einschließlich er selbst, in wievielen Unternehmen er gerade was verkaufte oder anbot.

Er freute sich jedenfalls erst einmal über seinen Anteil am Erbe und sagte sofort zu. Zumindest für die Zeit der Reise war sein Auskommen auch ohne tätige Arbeit seinerseits gesichert, und gehobenes Seefahrtspublikum lockt allemal mit einträglichen Geschäftsbekanntschaften.

Es war die Titanic-Gedenkreise, sicher etwas ungewöhnlich, im kalten April auf dem Nordatlantik spazierenzufahren, aber der Höhepunkt, wie es in den Papieren hieß, war ein großer Festakt am Untergangsort des klassischen White-Star-Dampfers genau zum hundertsten Jubiläum und zum Gedenken an alle Opfer des Unglücks. Für An- und Abreise mußten Aggi und Hubsi selbst aufkommen, aber das war gerade noch zu schaffen. Aggi setzte sich mit der Reederei in Verbindung, um mehr zu erfahren. Anscheinend hatte man dort in der Eile nicht mehr alle Unterlagen zusammenbekommen, aber sie erhielt zumindest die Fahrscheine. Das Programm brach mit der Beschreibung des aufwendigen Festaktes ab: „Die Vorgänge jener zur Legende gewordenen Nacht werden möglichst originalgetreu nachgestellt, aber auch alle liebenswürdigen Irrtümer und Gerüchte einbezogen, die sich seither gebildet haben. Unser Schiff wird der Mittelpunkt einer großartigen Sternfahrt von Seefahrzeugen aller Nationen zum Ort des Untergangs sein."

Aggi rechnete sich aus, daß sie spätestens zwei Tage danach in New York sein mußten; wie gesagt, reichten die Unterlagen nicht so weit. Wenn sie mit Hubsi dort noch eine Weile bummeln wollte, war angemessen, vier oder fünf Tage nach dem Untergangs-Jubiläum wieder zurückzufliegen. Im übrigen war es eine gute Mischung; eine stimmungsvolle Seefahrt mit viel Genuß und Luxus und dazwischen ein besinnlicher Festakt. Niemand wäre im frühen einundzwanzigsten Jahrhundert auf den Gedanken gekommen, so etwas für geschmacklos zu halten; es war die Zeit, als die Fluggäste von ihrem Luftfahrtunternehmen während der Reisen „Airport"- und ähnliche Flugzeug-Katastrophenfilme verlangten, um die Reise nicht zu langweilig zu finden. Das Leben war einerseits so wohlbehütet und gleichförmig geworden, andererseits die immer gewohnte alltägliche Gefahr wie durch Verkehrsunfälle oder Gewaltverbrechen so selbstverständlich, daß zumindest das gedankliche Spiel mit der außergewöhnlichen Gefahr schon sein mußte, damit der brave Bürger nicht mitten im alltäglichen Betrieb stehend oder gehend einschlief. In den großen Städten gab es Dienstleistungsunternehmen, deren Angebot darin bestand, daß hin und wieder jemand versuchte, in die Wohnungen der Besteller lautstark einzubrechen, während sie im Schlafzimmer anwesend waren, und der Nervenkitzel bestand darin zu raten, ob es dieses Mal echt oder nur der Auftragsdienst war.

*

Im Büro der Reederei mochte man sich wundern, warum dieses junge Pärchen so eifrig zugriff, die Reise von der verstorbenen Tante zu übernehmen, aber was gingen die privaten Beweggründe der Fahrgäste schließlich den Betreiber an? Bei der Firmenleitung wußte man mehr; die Fahrt des Jubiläumsschiffes sollte der Höhepunkt der jüngeren kulturellen Entwicklung sein, das Spiel mit der Gefahr auf die Spitze zu treiben. Darum konnte man nicht alles beim Namen nennen; es gab noch immer sittliche Bedenken von kirchlicher oder anderweitig konservativer Seite. Aber das machte nichts aus; alle, die es anging, schienen verstanden zu haben. Und schließlich war die Reederei, die sich allein für diese eine Reise gegründet hatte, ein bisher sehr geschäftstüchtiges Unternehmen gewesen.

Anstifter der ganzen Angelegenheit war ein aufstrebender Jungunternehmer aus Liverpool mit dem Namen Fitzgerald McDowell-Ismay. Seinen zweiten Familiennamen hatte er angenommen, denn er stammte nicht aus der geraden Erbfolge des Stammvaters J. Bruce; trotzdem hatte er sich eines seiner Lebensziele darin gesteckt, dem vielfach beschmutzten Namen seines

Ahnherrn wieder einen besseren Klang zu geben. J. Bruce Ismay war der Direktor der White Star Line gewesen, der Eignerfirma der damaligen Titanic, und er hatte den unverzeihlichen Fehler begangen, als einer der verantwortlichen Betreiber des Schiffes den Untergang zu überleben. Die Presse hatte ihn als den Übeltäter schlechthin bestimmt und ihm Verleumdungen angehängt wie die, sich in Frauenkleidern auf ein Rettungsboot geschlichen zu haben. Fitzgerald dachte sich manchmal, wenn sich sein Vorfahre doch bei der gegebenen Gelegenheit besser mutwillig ertränkt hätte, anstatt zu tun, was jeder halbwegs gesunde Mensch tut, wenn er eine Gelegenheit sieht, nämlich sich zu retten, dann hätte die Nachwelt ihn zum Helden verklärt. Das war nicht geschehen; Ismay mag es den Rest seines Lebens lang oft genug selbst bereut haben. Man konnte ihm jedenfalls von Rechts wegen nichts vorwerfen, aber seit wann gibt sich die breite Öffentlichkeit schon mit Tatsachen ab? Andererseits ist es auch nicht ohne Reiz, unter den Vorfahren ein richtig böses Scheusal zu haben, und der nur halb rechtmäßig geführte Name Ismay hatte dem mehr quirligen als wirklich tüchtigen Fitzgerald schon manche wichtigen Türen geöffnet. Er war seinem Seitenlinien-Ahn darum einige Dankbarkeit schuldig, und wenn sich die Gelegenheit ergab, sie ihm abzustatten und zugleich wiederum ein gutes Geschäft damit zu machen, war das ja nur ein doppelter Gewinn.

Sieben Jahre vor dem Ernstfall gründete Fitzgerald die Firma Black Star Shipping mit dem Ziel eines Untergangs, der sich gut verkaufen ließ. Genau hundert Jahre nach dem Seeunglück, das seiner Familie übel und wohl mitgespielt hatte, wollte er zum Andenken ein Schiff versenken. Anfangs war es nicht einfach, Geldgeber zu überzeugen. Gewisse Höflichkeiten verlangten, manche Absichten nicht zu offen auszusprechen. Solange der Einfall Gegenstand von Stammtischgesprächen war, fanden alle ihn toll; sobald Fitz durchblicken ließ, daß er ihn ernst meinte, hatten alle es doch nicht so sagen wollen. Fitzgerald dachte zuerst an eine große Attrappe, die er wirkungsvoll über den Bug in die Tiefe fahren lassen wollte, und eine Flotte von Schiffen mit Film-, Fernseh- und Pressevertretern an Bord sollte alles aufnehmen. Kein Modell in fast wahrer Größe sollte es sein, sondern ein wirkliches Schiff, das tatsächlich versank. Alle fanden es herrlich makaber, aber nicht ausreichend gesellschaftsfähig. Vor dem Fernsehschirm sah man inzwischen mit Begeisterung zu, wenn von echten Schauplätzen aus Massaker oder Hinrichtungen gezeigt wurden, und Kinotote mit Ketchupschminke wollte keiner mehr sehen. Aber die Szene wirklich zu stellen ging den ernsthaften Geschäftsleuten dann doch zu weit. Geschäftsleute sind im allgemeinen spießig, duckmäuserisch und feige; die wenigen Ausnahmen machen dann das ganz große Geld.

Die Wende brachte ein ergrauter Wall-Street-Spekulant, der nicht umsonst seinerseits mit der Titanic weitläufig verwandt war; er hieß sogar originalgetreu Morgan, wenn auch seine Seitenlinie weiter von der des John Pierpoint entfernt war als Fitzgeralds von J. Bruce Ismay; der Amerikaner Morgan war zur fraglichen Zeit der amerikanische Eigentümer der englischen White Star Line gewesen und hatte vergeblich versucht, den Atlantik-Schiffsverkehr unter sein Monopol zu bringen; diese Träume versanken endgültig mit der Titanic. Albert C. Morgan war ein schon etwas älterer Herr, der bis zum Überdruß alles erlebt hatte, und er machte das Angebot: „Ich finanziere Ihnen Ihr Schiff, wenn ich damit untergehen darf, sollte ich bis dahin noch leben." Nicht, daß er geradezu lebensmüde war, aber ein krönender Abschluß eines immer erfolgreichen Geschäftslebens, ein theatralisches Finale erschien ihm gerade angemessen, und auf die Gebresten des Alters freute er sich nicht.

Und damit war der Gedanke vom Stapel gelaufen: Die zweite Titanic sollte mit einer Ladung Selbstmörder an Bord festlich untergehen.

Davor schrak pflichtgemäß Fitzgerald seinerseits erst einmal zurück. Ein Schiff hatte er versenken wollen, aber gleich noch einmal voller Menschen... Morgan brachte weitere Anwärter, alles eher fröhliche und lebensfreudige Leute, denen aber die rechnerische Länge ihres irdischen Daseins nicht das Maß seines Wertes schlechthin auszumachen schien. Alle waren Inhaber von ziemlich viel Geld; mit dieser Kundschaft an Bord konnte man einiges davon verdienen, denn sie brauchten es danach nicht mehr. Natürlich mußte alles ausgesucht und vom Allerfeinsten sein, also gewissermaßen nur die erste Klasse der ehemaligen Titanic.

*

Das gesunkene Original bildete inzwischen den Kern der neuen Disney-World auf Long Island. Jener Tieftaucher, der das Wrack als erster mit Hilfe eines Klein-U-Bootes aufgefunden und untersucht und die Ergebnisse des Besuchs als Buch erfolgreich veröffentlicht hatte, war begabt mit dem besonders geschmackvollen Humor zu meinen, nun, nachdem er dort gewesen sei, solle gefälligst die ganze übrige Welt Achtung vor dem Grab so vieler Menschen wahren und es in Ruhe lassen. Ihm war es genug, daß er als einziger Mensch das Vorrecht gehabt hatte, die Weihestätte zu besuchen; dann mußte man es allen anderen nicht auch erst erlauben, vor allem, wenn man sich seinen Teil davon genommen hatte. Einige Zeit ging ihm die übrige Welt auch auf diesen glitschigen Leim. Es war ja gar nicht mehr so sehr um die vielen Schätze zu tun, die im rostigen Rumpf verrotteten; das

Schiff selbst, diese Verkörperung der Katastrophe schlechthin lockte. Und als schließlich die Technik immer weiter voranschritt, der Aufwand allmählich machbar wurde und das Geschäft mit diesem Ausstellungsstück dementsprechend sicherer erschien, gewann der größte Unterhaltungskonzern seiner Zeit das Wettrennen durch den Einsatz der modernsten verfügbaren Bergungsgeräte. Man hatte einfach alle Firmen auf diesem Markt gemeinsam beauftragt, so daß kein Mitbewerber mehr Zugang zu den Hilfsmitteln bekam. Das Schiff lag auf dem Grund internationaler Gewässer, wo niemand etwas verbieten kann, die UNO versuchte zu protestieren, aber die Schatzgräber waren ein Unternehmen der USA; das genügte. Die Medienrechte am Schiff besaß eine französische Firma, die an der legendären Verfilmung schon einmal bestechend viel Geld verdient hatte, und noch mehr durfte es immer gern sein. Es fiel Disney leicht, ein Angebot zu machen, das jeden Eigner weichkochen konnte.

Damals kam in Mode, sich die Nutzung an beliebigen Dingen persönlich eintragen zu lassen. Die Titanic lag offen auf dem Meeresgrund, sozusagen im freien Gelände; nachdem es aber juristische Anerkennung fand, sich die Rechte allein vorzubehalten, gab es keine Grenzen mehr für solche Ansprüche, und als Nächstes eignete sich die Gemeinde Zermatt den Alleinbesitz des Matterhorns an und verbot jedes freie Fotografieren. Seither verdient sie noch mehr als vorher an diesem Berg durch teure Postkarten und Knipserlaubnisse für alle Touristen und überfliegende Raumschiffe und Satelliten, die das Gelände vermessen wollen. Das Dorf Cervinia auf der anderen Seite des Berges wurde gerichtlich verurteilt, auf eigene Kosten einen großen Vorhang zu bauen, und durfte ihn gegen hohe Gebühr täglich zwei Stunden lang öffnen. Disney stieg ins Geschäft mit dem Eiffelturm ein; inzwischen kann sich jeder strafbar machen, der aus zwölf Kilometern Entfernung auf einem

Stadtpanorama von Paris diese vorauseilende Nachbildung eines Bohrturms zufällig mit abgelichtet hat, falls ihm ein Anwalt von Eurodisney darauf kommen sollte, und manche Hausdurchsuchung bei braven Bürgern hat es schon gegeben, nachdem sie in Sichtweite des Turmes mit bereitgehaltener Kamera gesehen worden sind.

Eisenfressende Bakterien hatten inzwischen einen großen Teil des Schiffskörpers der Titanic in eine rötliche Paste verwandelt, und mit Hilfe von Chemikalien, die einige hunderttausend Kubikkilometer Ozeanwasser vergifteten und die Nahrungsmittel der Golfstromanlieger jahrzehntelang würzten, verdichtete man den Rest des stolzen Dampfers wieder zu so etwas wie Eisen, holte die drei größten Bruchstücke vorsichtig herauf, pflügte den umliegenden Meeresgrund nach verstreuten Andenken durch und begründete die Sammlung des Titanic-Museums. Seither kann man in der Disney Sea Desaster World in den echten Kabinen des Schiffs übernachten, die im zerknitterten Rumpf zu gutausgestatteten Hotelzimmern umgerüstet worden sind, in einem Kuppelbau mittels Computerschau am Untergang des Dampfers eineinhalb Stunden lang, also verkürzt zu gewohnter Spielfilmdauer wohlig schaudernd teilnehmen oder sich vor der Schramme fotografieren lassen, die zum Untergang geführt hatte. Kleinliche Schiffahrtsfachleute bemängeln, daß vom heute ausgestellten Wrack höchstens noch zehn Prozent aus dem bestehen, was Harland & Wolff damals in Belfast gebaut hatte. Aber es sollte doch eben alles so schön fein und teuer aussehen. Und so viele Teller oder Teelöffel, wie aus Gründen verschiedenster Wohltätigkeit aus dem Nachlaß des klassisch gesunkenen Dampfers im Lauf der Zeit versteigert wurden, hätten allein ausgereicht, die Titanic durch ihr Gewicht zu versenken.

*

Aggi und Hubsi steckten die Köpfe über dem Hochglanzprospekt zusammen.

„Ein bißchen altmodisch, nicht?" fand er. Eigentlich wagte er selten, eine andere Meinung als Aggi zu haben, aber nun, nachdem man auf das Erbe der Tante nicht weiter warten mußte, konnte er sich vielleicht etwas mehr herausnehmen.

„Aber das muß doch so sein. Schließlich ist das Schiff vor hundert Jahren untergegangen."

„Wieso denn das nun wieder? Ich denke, es ist ganz neu gebaut worden?"

„Ach, du Trottel! Die ‚Titanic' ist vor hundert Jahren untergegangen. Das Jubiläumsschiff ist neu, aber das muß doch alt aussehen. Sonst ist es ja kein Jubiläum."

„Ach so. Na ja, wenn du das meinst..." Sie verabreichte ihm einen mütterlichen Kuß. Wenn der ständige Begleiter nicht zu klug ist, lebt es sich viel bequemer auf Erden.

Hubsi fand das im Freundeskreis allerdings nicht. Nach der ersten Begeisterung hatte er nachgerechnet und war von der Seefahrt nicht mehr so überzeugt: „Da hat sie eine Schiffsreise geerbt und freut sich, weil sie sie umsonst kriegt. Und den Flug zurück müssen wir bezahlen, das ist ein ganz altmodisches Schiff, wo man zum Essen wie auf einer Beerdigung aussehen muß, und sie kauft sich für jeden Tag drei neue Kleider. Das kostet alles noch mal so viel wie die ganze Reise. Gespart hat sie gar nichts, sondern das halbe Geld aus dem Erbe noch dazu rausgeschmissen. Ich brauche selbst auch so einen Konfirmationsanzug, nur für diese dämliche Reise. Eigentlich hab' ich gar keine

Lust. Ich sag' euch, Frauen sind dumm. Rechnen können sie überhaupt nicht."

„Fahr einfach nicht mit", riet man ihm.

„Und? Was meint ihr, wer da alles mit auf dem Dampfer ist? Wahrscheinlich krieg' ich eine Verlobungsanzeige von ihr mit der Post."

„Dann laß sie doch laufen. Eine andere ist nicht so teuer."

Das wollte er aber auch wieder nicht. Vielleicht war er doch nicht so klug, oder er rechnete sich aus, daß der Rest des Erbteils immer noch eine ganze Menge war. Und immerhin – auf so einem fünfsternigen Dampfer konnte man wirklich viele reiche Mitmenschen kennenlernen, die vielleicht geschäftsmäßig anzuzapfen waren und den Verlust wieder hereinbrachten.

„Freust du dich auch schon so wahnsinnig wie ich?" fragte Aggi ihn, und ihr log er vor: „Aber ja! Das wird sicher der Höhepunkt unseres Lebens." Sie seufzte sehnsüchtig: „Einmal kreuzfahren und sterben." Er sah mißtrauisch um die Ecke – was sollte denn das?

Sie deckte sich mit Abendkleidern ein. Jetzt war die Mode gerade, sich zu kleiden, als ob man nichts anhätte. Früher gingen die Frauen halbnackt aus, tief ausgeschnitten und mit Einblicken überall. Als das langweilig wurde, mußte die Fantasie angeregt werden, die Damen erschienen hochgeschlossen. Aber auch die Fantasie war eines Tages erschöpft. Dann kam auf, daß man sich durchbohrte und die angestochenen Stellen auch aus der Kleidung ausstanzte, damit zum Beispiel der Nabelring schön zur Geltung kam. Auch das war bald langweilig. Ein freigelegter Busen ist schnell alltäglich, und keiner sieht mehr hin; wenn frau ihn aufsehenerregend verhüllt, sieht ihn sich auch bald keiner mehr an, sondern läßt den Blick anderswo schweifen und stellt

15

sich vor, was er will. Was also noch? Ganz nackt hielt sich nur ein halbes Jahr; nichts sieht man sich schneller über, vor allem, wenn die Frau meint, der unbekleidete Zustand allein genüge schon für die Wirkung, und dann ohne Sachen nur herumschlurft. Zwischendurch hielt sich ziemlich lange der Tschador, die vollständige, züchtige Verhüllung nach Sitte des Nahen Ostens. Aber das Ratespiel nach einer überhaupt nicht mehr erkennbaren Figur hielt sich ebenso nicht ewig frisch. Und jetzt waren die Kleider enganliegend, hautfarben und bedruckt mit anatomischen Einzelheiten. Die ganz große Mode war gerade, diese Einzelheiten dem eigenen Körperbau fotografisch zu entnehmen und in teurer Handarbeit genau auf der Stelle aufdrukken zu lassen, wo sie eine Schicht darunter Tatsachen bildeten. Das war echt, nicht echt und doch wieder echt und für ein paar Monate vielleicht anregend genug, um noch Beachtung zu finden. Die Frau verriet alles und zeigte gar nichts. Das war gegenwärtig die angeblich aufregendste Mischung. Demnächst war dann wahrscheinlich das Gegenteil wieder gefragt, wenn nur jemand sich fand, der wußte, wie man von so etwas noch ein Gegenteil ausdenken sollte.

Außerdem hatte diese Mode den bequemen Vorteil, daß eine Frau auch gelegentlich einfach gar nichts anzog, wenn es gerade sehr warm oder sie faul war, und niemand es merkte.

„Ich find' das nicht gut, wenn du so nackig aussiehst", rügte Hubsi, als sie ihre neuesten Erwerbungen vorführte.

„Ach nein! Neulich hat's dir nicht gepaßt, daß ich so bedeckt war."

„Na ja, du mußt ja auch immer irgendwie auffallen, daß die Kerle dir hinterhergaffen."

„Dir wär's am liebsten, daß ich echt nackt 'rumlaufe, damit keiner hinguckt."

„Aber das ist schon so lange unmodern, da gucken ja auch schon wieder alle, weil's so altmodisch ist."

„Ich glaub', am liebsten willst du mich wegsperren. Als alle den Tschador getragen haben, wo man nicht mal mehr sieht, ob jemand Männlein oder Weiblein ist, hat's dir auch wieder nicht gepaßt."

„Ach, laß doch. Trag Jeans und T-Shirt wie alle Frauen seit deiner Großmutter, und natürlich ein Kopftuch, da gibt's keinen Ärger." Das islamische Kopftuch war derzeit für junge Frauen, außer sie stammten wirklich aus der Türkei oder Arabien, ein unumgänglicher Modezwang. An der freien Frisur erkannte man inzwischen zuverlässig die weltoffene Muselmanin.

Sie versuchte mühsam, ihm klarzumachen, daß man auf einem altmodischen Schiff äußerlich auffallen müsse. Aber der Geist der Zeit verlangte in diesen Jahren die „neue Eifersucht", und Hubsi gab sich alle Mühe, seine Aggi dementsprechend zu überwachen.

„Man kann machen, was man will, entweder man paßt auf dich auf, oder man läßt dich machen, aber nörgeln mußt du immer", fand er dazu.

Sie küßte ihn wieder zum Schweigen; so endete das immer. Und dann packte sie ihre vollverhüllenden Nacktkleider ein.

*

Ganz ähnliche Fragen hatten die Black Star Shipping umgetrieben. Als sich endlich alle entscheidungsbefugten Teilnehmer zusammengefunden hatten, war es nicht etwa getan; alles fing erst an.

Wie sollte der Dampfer aussehen? Wollte man die alte Titanic möglichst genau nachbauen? Aber darauf war man auch schon einmal gekommen. Oder war es besser, so wie die damalige Vorlage es war, das allerneueste zur Zeit denkbare Gefährt auf Stapel zu legen?

„Wir bauen ein Wegwerfschiff für eine einzige Reise", sagte der Geschäftsführer der Reederei, dessen amtsmäßige Aufgabe der Geiz war. „Da sollte man es doch möglichst billig machen. Was soll der ganze Aufwand?"

„Wir gehen mit wehenden Fahnen unter, und wir sind dem Namen ‚Titanic' etwas schuldig", antwortete der Verantwortliche für Werbung; „gerade die Verschwendung macht unser Geschäft aus."

Die Sitzungsteilnehmer schlugen sich gegenseitig alle denkbaren Gesichtspunkte der Machbarkeit um die Ohren, bastelten an einem langweiligen Durchschnittsschiff und drohten für das gemeinsame Ergebnis der Nichtigkeit, das sie McDowell-Ismay aufgezwungen hatten, ihm das Vertrauen zu entziehen und sein Projekt ohne ihn zu verwirklichen. Die Zeit drängte immerhin. Es ging um die Wirtschaftlichkeit größerer oder kleinerer Tonnage, Kalkulationen bei Auftragsvergabe an eine Werft, Aufwand in Abhängigkeit von der Bauzeit, Vor- und Nachteile der verschiedenen Schiffsarchitekten und die Bewertung bekannter Marktanalysen aus dem Kreuzfahrtgeschäft, daran anschließend die Grundsatzerörterung, ob diese Reise unter dem Begriff Kreuzfahrten verkauft werden könne oder nicht.

Schlecht gelaunt wechselte man spät in der Nacht in eine benachbarte Kneipe und vertrug sich dort sofort glänzend. Alle zogen gemeinsam über die Wirkungslosigkeit ordentlicher Sitzungen her.

„Vier Schornsteine müssen sein", verlangte Dawson, der Fachmann für Technik. „Das ist zwar heutzutage Unfug, aber die Titanic hatte vier."

Fitzgerald versuchte mühsam, seinen Kugelschreiber auf einer zerknitterten, fettigen Serviette voller Erinnerungen an die vergangene Mahlzeit zur Verbreitung von Spuren zu veranlassen.

Die besonders heikle Absicht, ein Schiff, dessen Aufgabe darin bestand zu sinken, mit gesetzlichen Bestimmungen zu vereinbaren, die genau das verhindern sollen, hatte der Rechtsberater Fougé übernommen. Er meinte: „Die Original-Titanic ist vornüber gesunken. Wir brauchen also einen abwärts gekrümmten Bug, damit er gut eintauchen kann."

„Sieht nicht gut aus", fand Schnuckelchen Myers, die Beraterin für Schiffsgestaltung. Der Vorname entsprach der zweitjüngsten amerikanischen Mode; ihre eigene Tochter hatte sie inzwischenn nach neuester Gewohnheit Three-Thirty-a-m genannt, nach dem Geburtszeitpunkt, nachdem die Benennung nach Monaten oder Wochentagen („April" – „Tuesday") allmählich langweilig geworden war.

Auf fünf Servietten entwickelten sich nebelhafte Gegenstände, die entfernt Schiffen ähnelten.

Die ganze Angelegenheit hatte eine größere Bedeutung als nur, ein einzelnes Schiff zu bauen. Nachdem am Ende des zwanzigsten Jahrhunderts in einer völlig überhitzten Konjunktur viele Dutzende von riesigen Kreuzfahrtschiffen gebaut worden waren und bald danach auf einen Schlag fast sämtliche großen Reedereien gleichzeitig in Konkurs gegangen waren, lebten die nachfolgenden Firmen von einem maßlosen Vorrat an gebrauchten

Schiffen, die zuschandenzufahren eine Aufgabe für Generationen war. Ein Grieche und ein Tahitianer vor allem hatten die große Masse der Pleiteschiffe billig aufgekauft und damit die Kreuzfahrtszene an sich gebracht und feindselig untereinander aufgeteilt. Beide waren vielfache Tonnage-Millionäre und erbitterte Gegner, die jeweils ohne den anderen nie hätten leben können. Gegen sie hatte kaum jemand die Möglichkeit, noch ein Schiff in Bewegung zu setzen, und so war in letzter Zeit nicht mehr viel neu gebaut worden. Also betrieb man hier Pionierarbeit.

Es war ganz klar: Dieses Schiff mußte nicht mehr schaffen, als ein paar Tage geradeaus zu fahren, und es mußte stilvoll untergehen. Seine Fahrt sollte in voraussichtlich unfreundlich kaltem Wetter ablaufen, und es mußte außer dem Hafen von Southampton und den Reeden von Cherbourg und Cobh nirgends irgendwelche Beschränkungen durch Liegeplätze berücksichtigen. Die Entwürfe wuchsen in alle Richtungen. Warum nicht wieder, wie das Vorbild, das größte Fahrgastschiff der Welt? Das bedeutete zur Zeit etwa 300.000 Tonnen. Aus fünf Servietten wurden zwanzig, und nach der Sitzung fühlte sich niemand mehr irgendeinem tatsächlichen Anspruch verpflichtet. Die höchste der modischen Empfangshallen in den Kreuzfahrtschiffen aus den geballten Konkursmassen hatte bisher neunzehn Decks erreicht. Moderne Schiffe sind breit und hoch. Die vier Schornsteine rückten ins Quadrat, und mit der Wirkung des Alkohols vereinten sich ungefähr ein Dutzend beschwingte Reedereigründer über fettigem Papier, die es längst aufgegeben hatten, gemeinsam eine vernünftige Lösung zu finden. Und so fanden sie eben eine verrückte. Ein alberner Trimaran von der Form eines einzelnen Schiffsschornsteins herkömmlicher Bauart mit vier auffallenden Röhren in der Anordnung einer Raute oben auf dem höchsten Deck, als Turm rund um fünfundzwanzig Stockwerke eines

Empfangsschachtes, der sich im Sinken über den Bug zu einer langgestreckten Haupthalle für den abschließenden Festakt verwandeln sollte, war das Ergebnis, das viel Gelächter und Jux anstiftete, bevor sich die Runde einigermaßen betrunken in ihre Einzelpersonen auflöste. Fitzgerald hatte die Geistesgegenwart, die letzte aller Servietten als zerknüllten Ball in die Tasche zu stecken. Ehe er ein paar Tage später die angefleckte Jacke zur Reinigung brachte, fand er sie doch noch wieder und war wach genug, sie vorsichtshalber aufzurollen und dann in blitzartiger Erkenntnis sicherzustellen.

Es war ein irrwitziger Plan gewesen, und nach der denkwürdigen Sitzung hatte der Kreis der Teilnehmer sich mit diesen Kritzeleien zumindest menschlich wieder versöhnt. Als sich zwei Wochen später alle noch einmal trafen, dachten sie, dies sei nun die höfliche Auflösung der Gesellschaft, bei der alle ihr Gesicht wahren sollten angesichts der traurigen, aber endgültigen Unmöglichkeit des Vorhabens. Aber McDowell-Ismay wußte es anders: Er hatte die verwaschene Zeichnung durchrechnen lassen und stellte die sachkundige technische Umsetzung als derart überzeugend nachgezeichneten Entwurf vor, daß sich niemand der Wirkung entziehen konnte

„Das bauen wir", sagte er, und keiner wagte Widerspruch. Wer wollte den Chef daran erinnern, daß doch alle nur besoffen gewesen waren? Und die Planzeichnungen waren auf einmal so gestochen berufsmäßig klar und ausgearbeitet, daß niemand mehr die Ausflüsse einer trinkseligen Nacht darin erkennen wollte. Trotzdem – dieser kurze, breite schwimmende Turm hatte wenig Ähnlichkeit mit irgendeinem Gerät, das bisher dem Wasser übergeben worden war. Das war eine Herausforderung an die Technik wie an den Markt. Und einem so dynamischen Unternehmer, der wagte, ein derartiges Gebilde über den Ozean

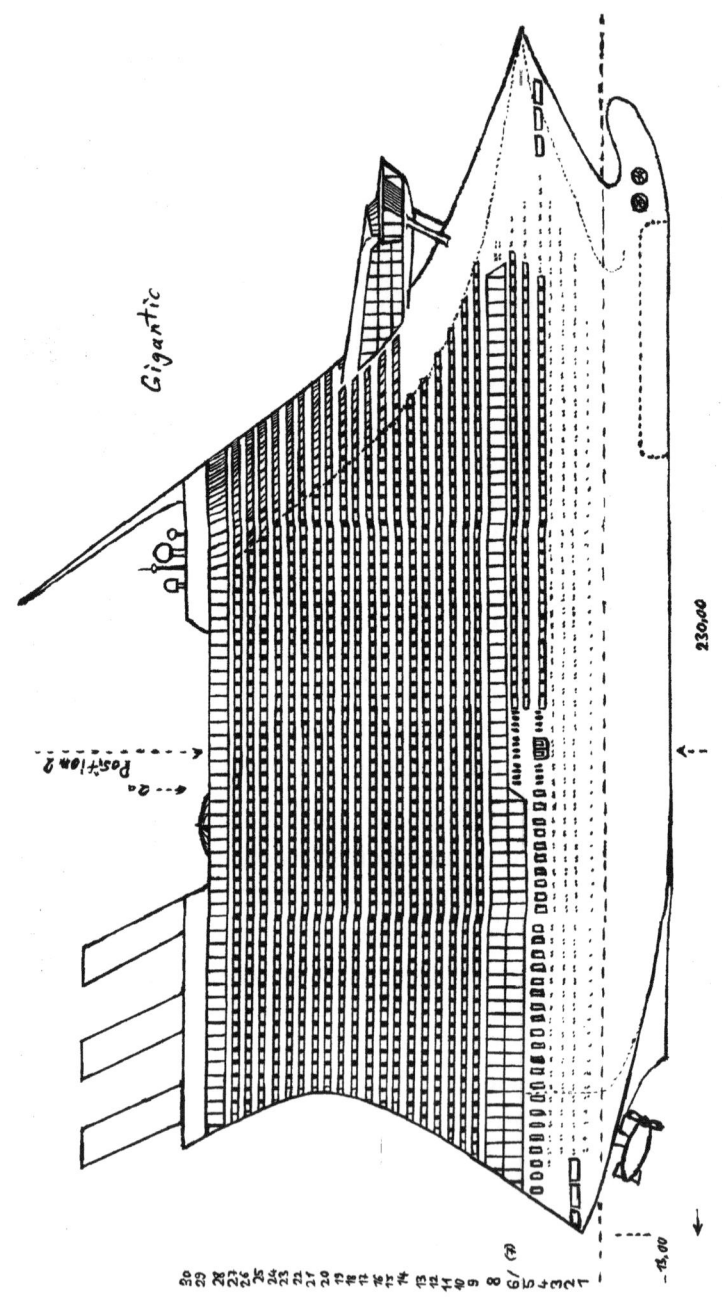

Gigantic

230,00

Position 2

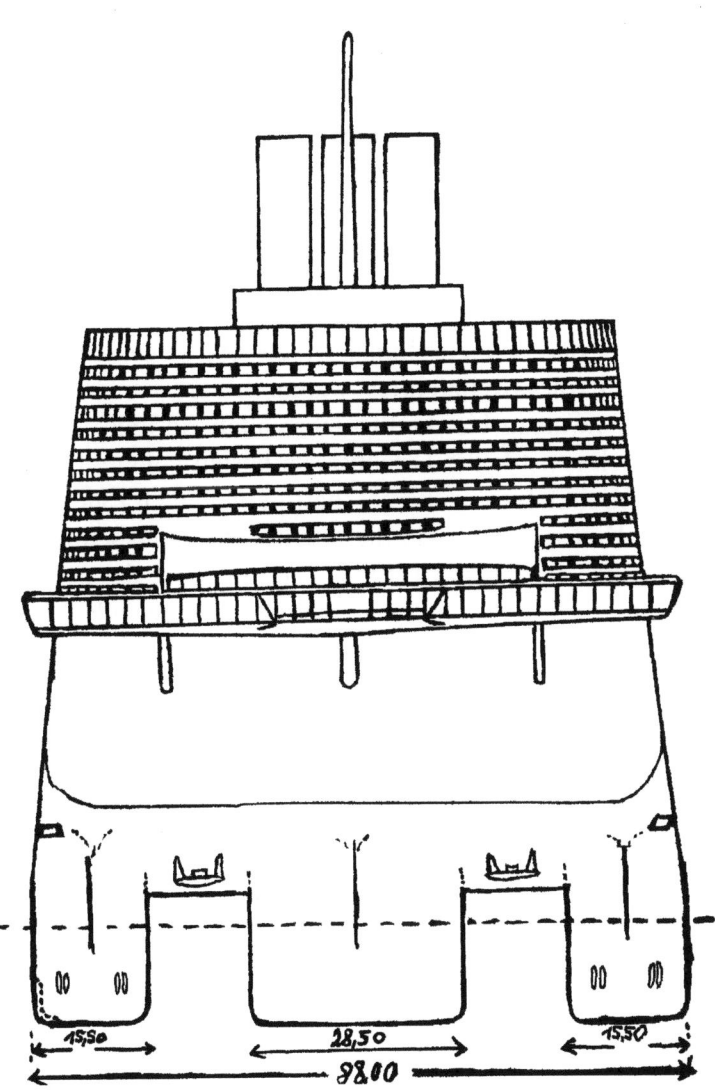

15,50   28,50   15,50

9800

und auf den Meeresgrund zu schicken, mußte man einfach helfen. Natürlich, sollte das Unternehmen scheitern, dann wäre es keiner gewesen. So war es zwar auch keiner, aber allein das Mitläufertum hat in der Weltgeschichte schon so manche Großtat ermöglicht.

*

Natürlich hatten auch Aggi und Hubsi schon seit längerer Zeit mitbekommen, daß endlich einmal wieder ein bemerkenswertes Schiff im Bau war. Kreuzfahrten waren Billigreisen geworden, man fuhr auf zwanzig bis dreißig Jahre alten Karibikschüsseln, wenn man sich sonst keine Urlaubsreise leisten konnte. Und nie hatte es die Kreuzfahrtbranche geschafft, ein ähnlich sagenhaftes Gefährt auf Kiel zu legen wie die alten Nordatlantikschiffe. Da war nun endlich wieder ein Neubau im Kommen, der schwimmen sollte und etwas darstellte. Er war riesig, über alle Maßen vornehm und teuer und dabei völlig neuartig.

Mit der Zeit gelang es Aggi, ihren Hubsi zu überzeugen. Es war die Jungfernfahrt, und man mußte einfach dabeigewesen sein. Die Werbung verkündete das deutlich genug: „eine absolut einmalige Reise", „der endgültige Höhepunkt im Leben jedes unserer Fahrgäste", „danach kann eigentlich nichts mehr kommen" – „außer untergehen", sagte Hubsi ahnungslos. „Wer alles im Leben schon erfahren hat, bekommt von uns noch eine allerletzte Steigerung geboten."

„Soll man sich danach etwa umbringen?" wollte Hubsi wissen. „So liest sich das alles."

Wie es zu so einem altertümlichen Schiff paßte, war das alles in betulichem Greisendeutsch geschrieben. Geschäftspost, vor allem aber Werbung bekam man nämlich inzwischen nur noch auf „Future German" abgefaßt zu lesen, und alles, was Aggi mit dem Reisebüro sonst abzuklären hatte, hielt sich auch an diese neu eingeführte Ausdrucksweise nach DIN-Norm für Business Mail. Etwa so: „Hi, Lady, super ship-sinking highligt; welcome! Clever-making: Southampton special Pier ‚Sink Jubilee', gate 1 – 4, boarding time 17.00." Die Regel war: alle englischen Wendungen, die sich in den internationalen Sprachbrei eingeschlichen hatten, nichts sonst, und alle grammatischen Bestandteile entfielen. Damit Geschäftsbetriebe mit ihren Kunden reden konnten, reichte das ohne weiteres, und mehr sollte ja niemand mehr verstehen, sonst hätte er Fragen stellen können, die man in diesem Kauderwelsch weder beantworten konnte noch sollte. Future German war ein Erzeugnis einer wendigen Werbeagentur in Hannover, ein Zweig jenes „Global Talk", in dem sich gegenwärtig weltweit jeder zu äußern ver-suchte, der auch nur entfernt an Geld dachte, aber manche Leute schafften nicht einmal das. Am Ende kam ein Zeug heraus, das weder wirklich englisch noch deutsch noch sonst etwas war: „Extra-premium-end-event for fash-people", „heavy cool, be mega-big in". Die Agentur hatte das Urheberrecht und außerdem den Duden aufgekauft; jetzt verhökerte sie teuer den Unterrichtsstoff an Schulen, denn sie besaß ja das Monopol für Sprache auf deutschem Boden und ließ es sich gut bezahlen. Derzeit war eine Arbeitsgruppe damit beschäftigt, die Werke von Goethe in Musicals umzuarbeiten, um die lästige Wortkunst des Altmeisters für die neue Zeit zu überwinden.

Außerdem waren die Briefe natürlich mit der fünfstelligen Jahreszahl Jahr-10.000-fest vorbereitet: Das Datum lautete zum Beispiel 03.04.02012. Es war zwar noch einige Zeit bis dahin, aber überflüssige Nullen an die Spitze zu stellen war ja seit langem auch anderweitig üblich.

Sämtliche Presse verfolgte, natürlich auch möglichst auf Future German, die Baugeschichte des „Schiffs der Zukunft" – Verzeihung, äh, sorry, des „Future Ship's", das der alten Titanic gewidmet werden sollte – „proudly dedicated good old Titanic". Alles überschlug sich vor Begeisterung über die technischen Neuerungen und den grenzenlosen Luxus. Man war nicht mehr verwöhnt.

Das Reisebüro enttäuschte. Aggi wollte Prospekte raffen, um die Vorfreude zu vergrößern. Es gab kaum etwas, das bei den Unterlagen der Erbtante nicht schon dabeigewesen wäre. Ein Heft kündigte das Schiff selbst in schönen Computergemälden an, ein Faltblatt enthielt die Verheißung der großartigen Jungfernfahrt. Von einem weiteren Fahrtenprogramm wußte man nichts. „Das wird wohl noch kommen", sagte man, oder, „wahrscheinlich sind die Prospekte längst vergriffen, weil alles ausgebucht ist. Fragen Sie nächstes Jahr wieder nach."

Schließlich war es immer noch anrüchig, über die Beendigung eines Menschenlebens nach eigenem Willen offen zu reden. McDowell-Ismay verließ sich lieber auf Mundpropaganda unter den ganz, ganz Reichen. Der Prospekt war eine zusätzliche Anregung und brachte den Namen seiner Black-Star-Reederei ins Gespräch. Der Rest wurde unter der Hand weiterverbreitet. Wer aber schon ein bißchen wußte, fand sich in den vielen feinen Andeutungen der Reedereiwerbung schnell bestätigt. Alle Programmankündigungen endeten in der Nacht der Feier zu Ehren der Titanic, und die erste und letzte Fahrt war ausgeschrieben als „Jungfernfahrt Richtung New York". Von einer Ankunft war nie die Rede.

Hubsi hingegen machte eifrig Pläne für danach. „Mit dem kleinen Rest an Geld gründen wir dann eine richtig ordentliche Firma und bauen ein Haus. Und was hältst du davon, wenn wir heiraten und, falls wirklich noch was übrig bleibt, anderthalb Kinder haben?"

„Du mit deinen Seitenhieben", sagte sie bittersüß. „Natürlich müssen wir vom Geld etwas zuschießen, aber das sind wir der Erbtante einfach schuldig, da mitzufahren."

„Familientreue bis in den Tod", nannte Hubsi das. Aggi streichelte ihm über das Haar, das er nach der Mode in Zebramuster gefärbt trug. „Du mußt dich an den Luxus eben erst gewöhnen. Die Erbtante konnte ihr Leben lang damit umgehen. Jetzt müssen wir lernen, ihr zu folgen."

schlimm

Die Werft hatte mit der Entwurfsvorgabe ihre ganz eigenen Schwierigkeiten. Noch nie hatte ein Auftraggeber ein Schiff verlangt, das nicht nur nicht sicher, sondern sogar ganz sicher unsicher sein sollte. Allenfalls ein paar Tage lang feuerfest mußte der Neubau sein, und im Fall der Fälle mußte er einen Sturm aushalten können.

Andererseits wurde ein genau vorherbestimmtes Sinkverhalten gefordert. In unzähligen Schwimmtankversuchen wurden Dutzende von Modellen mit immer anders angeordneten Flutkammern versenkt. Das Schiff sollte ziemlich schnell nach vornüber kentern, dann aber in der senkrechten Schwimmlage langsam gleichmäßig vollaufen, damit die gekippte Empfangshalle möglichst lange ihre Stellung beibehielt und trocken blieb.

In vielen Hinsichten waren beträchtliche Einsparungen möglich. Zum Beispiel genügte eine durch und durch minderwertige Stahllegierung für den Bau, und als technische Ausstattung konnte

Schrott eingebaut werden, der beim Abwracken der überalterten Welt-Kreuzfahrerflotte gegenwärtig haufenweise anfiel. Jedes oberflächlich aufgearbeitete wertlose Altgerät konnte hier noch Dienst tun; noch nicht einmal eine Woche sollten alle Teile durchhalten. Rettungsmittel jeder Art entfielen vollständig. Die Tanks mußten für eine einzige Mittelstrecke ausreichen. Irgend etwas zu reparieren war nicht vorgesehen; alles, was ausfallen konnte, war vorsichtshalber mehrfach vorhanden, natürlich in ebenso ausgedienter Form.

Das alles wirkte wie eine Einladung zur Schlamperei, erwies sich aber als das genaue Gegenteil. Eine Werft, die gewohnt war, Qualitätsarbeit zu liefern, kam buchstäblich ins Schwimmen angesichts eines Aufttrages, der geringe Haltbarkeit und gar keine Belastbarkeit verlangte. Den besonders schlechten billigen Stahl zu verarbeiten, der angeliefert wurde, zeigten sich die gut geschulten Facharbeiter schlicht unfähig. Das Zeug verhielt sich völlig anders als guter Schiffbau-Werkstoff, verband sich schlecht, verzog sich, riß an unmöglichen Stellen und ließ sich dort, wo es sein sollte, nicht nach Bedarf biegen und schneiden. Fertige Schweißnähte platzten wieder und mußten nachgearbeitet werden. Die Leute mußten in Schnell-Lehrgängen geschult werden, damit umzugehen. Trotzdem traten immer neue Schwierigkeiten auf. „Es ist, als sollten wir das Ding aus Brotteig bakken", fand ein Vorarbeiter.

Eine besondere Tücke lag in der „Sollschlitzstelle". Damit das Schiff wunschgemäß sinken konnte, war eine gesteuerte Berührung mit einem Eisberg geplant, und weil ja alles davon abhing, daß der Rumpf ein geeignetes Leck bekam, wurde es vorgefertigt; im vorderen Rumpfteil an Steuerbord hatten die Ingenieure ein Fenster entworfen, das mit schwächerem Metall ausgefüllt wurde und bei einem äußeren Anstoß aufplatzen sollte. Dahinter verteilten entsprechend angeordnete Kammern das eindringende Wasser dann nach Wunsch im Rumpf. Diese Dünnblechfläche mit dem übrigen Schiff zu verbinden erforderte allerdings viele Versuche, und die Nähte, die sie umgaben, mußten um die zwanzig Mal nachgeschweißt werden, weil sie schon beim stillliegenden Rohbau im Werftdock ständig aufgingen. Schließlich machte sich ein Arbeitstrupp in einem regelrechten Gewaltakt darüber her und versiegelte die Ränder der vorausgedachten Narbe endgültig mit einem gewaltigen Wulst.

Mehrere Facharbeiter verzweifelten an der Aufgabe und brachten sich um, zwei drehten durch und übersiedelten in eine psychiatrische Klinik. Andere ließen sich aus Ehrgeiz auf akrobatische Übungen ein und verunglückten. Die Werft mußte eiligst nach Ersatzpersonal suchen; auswärtige Fachkräfte wurden mit überhöhten Lohnangeboten von ihren langjährigen Arbeitsplätzen abgeworben, denn die Zeit wurde knapp. Der Ablieferungstermin für das Schiff war heilig, da ja das Jubiläum alles rechtfertigen sollte. Dementsprechend hoch waren die Vertragsstrafen im Falle einer Verzögerung, und demgemäß verkrampfte sich die Baufirma, um nur ja nicht zu spät fertig zu werden. Als die Zeit doch drängte, mußte viel Arbeit an Fremdfirmen weitervergeben werden, und das erste Opfer dieses Selbstmordprojektes war die Werft; sie konnte am Ende ihre Kraftanstrengung nicht finanzieren und ging am Tag der Ablieferung in Konkurs. Und da zu dieser Zeit die Auftragslage im Schiffbau außerordentlich schlecht war, fand sich für die Anlagen auch kein Käufer; die Angestellten der Firma saßen auf der Straße, fielen ins Elend, tranken, sofern sie sich wenigstens das noch leisten konnten, und brachten sich reihenweise ums Leben.

Dem Schiff verdiente das zusätzliche Schlagzeilen und nur noch mehr Werbung. Die neue Titanic hatte ihre ersten Opfer gefordert, lange bevor sie auch nur schwamm.

*

Hubsis Eltern waren noch ängstlicher als Aggis. „Was da alles passieren kann!" Gerade die Anspielung auf die alte Titanic schreckte sie; „Wißt ihr überhaupt, wie viele damals umgekommen sind? Und überhaupt, in dieser Jahreszeit! Stürme, Eisberge...!"

Hubsi sah sich hilfesuchend nach seiner Freundin um. Sie war es immerhin, deren Tante er die Reise zu verdanken hatte.

„Regt euch mal ab. Das ist doch was anderes als immer diese billigen Kreuzfahrten mit den alten Kästen, die heute jeder macht. Und ihr könnt euch drauf verlassen: Meine Tante hätte nie sowas gebucht, wenn es nicht eine ganz todsichere Sache wäre."

„Also – ich weiß nicht – wenn ich so denke –", maulte Hubsis Mutter weiter. Sie kramte im Bücherschrank herum und brachte wirklich ein Buch über Schiffskatastrophen zutage. Sie blätterte es durch und verwies siegessicher auf das weltbekannte Bild, auf dem die Titanic ihr Heck hoch in die Luft reckt.

„Damals haben auch alle gesagt, das Schiff ist unsinkbar."

Der Nachbau hingegen sollte unbedingt sinksicher sein. Aber Aggi und Hubsi wußten es nicht.

*

Währenddessen überlegten sich die Gäste, die wußten, worum es ging, was man am besten zu einem Schiffsuntergang anzieht. Es gibt die Anekdote eines Fahrgastes der Titanic, Benjamin Guggenheim, der gemeint haben soll, Frack sei zu einem solchen Anlaß angemessen. Unter den Mitsinkenden war auch Lucy Jordan, und sie meinte später, es könne an ihr gelegen haben, daß dieses Unternehmen zu einem der größten Reinfälle der Geschichte des Geschäftslebens geworden ist, denn wo immer sie dabei war, sei immer alles schiefgegangen. Sie war eine alte Dame, und nun fand sie es an der Zeit, ihr mißlungenes Leben zu einem Abschluß zu bringen, der wenigstens etwas bleibenden Glanz versprach.

Sie hieß eigentlich ganz anders; als Lucy Jordan ist sie berühmt geworden, weil sie die Anregung zu einem Lied war, das Marianne Faithfull 1979 bekanntgemacht hat. Ihre Geschichte ist auch verfilmt worden, aber weil niemand ihre Spur erkennen sollte, mit einigen Veränderungen der Tatsachen. Damals war sie 37 Jahre alt und sprang als unzufriedene Hausfrau aus Verzweiflung über ihr ödes Leben vom Dach. Damit hatte sie keinen Erfolg, weil sie in die frisch gepflanzte Blumenrabatte fiel, aber das verriet das Lied nicht. Als junges Mädchen, noch bevor ihre Träume ausgebrochen waren, hatte sie sich überreden lassen, in einer Rockband mitzusingen; auch das kommt im Lied nicht vor. Die anderen Musiker waren Freunde aus ihrer Schule mit viel Ehrgeiz und mittlerer Begabung. Sie sang ganz ordentlich, stimmlich irgendwo zwischen Patty Smith und Tina Turner, geschmacklich etwas rauher, aber bis Janis Joplin oder Joyce Kennedy reichte es doch nicht ganz. Hauptsächlich wollten die Freunde sie dabei haben, weil sie nett aussah, eine herausfordernde Figur hatte, aufreizend tanzen konnte und mit ihrem schwarzen Wuschelkopf fast etwas mulattenhaft wirkte. Die Band musizierte neben dem Gymnasium her, die Musik drückte die Schulnoten, die Eltern schimpften, Lucy und zwei aus der Band quälten sich durchs Abitur, die anderen wollten die Musik zum Beruf machen, aber nach weiteren zwei Jahren war die Gruppe am Ende. Lucy heiratete Theo, ihren Dauerfreund aus Gewohnheit, der sie zu der Band gebracht hatte; jemand anderen kennenzulernen hatte es keine Gelegenheit gegeben, und so blieb sie an ihm kleben, weil sie meinte, rechtzeitig eine Familie gründen zu müssen. Er wurde Mitarbeiter in einem Musikalienvertrieb, hämmerte einen übergroßen Nagel in die Wand und hängte seine Baßgitarre daran, Lucy bekam drei Kinder, und beide Eltern hielten sich für einen harmonischen Haushalt. Ganz hörte Lucy nie mit der Musik auf; zu Theos (begründeter) Eifersucht hielt sie Verbindung mit einigen der Freunde von damals, und hin und wieder trat sie in Gaststätten und auf Vereinsfeiern auf, nur unter Freunden, privat und nicht nur nachsichtig beklatscht als die singende Tante. In diesem Kreis hielt man sie für eine recht brauchbare Blues- und Hardrocksängerin. Zweimal hatte sie Gelegenheit, eine Platte aufzunehmen, und eine dieser Einspielungen erklang sogar ein paarmal im Radio; es war eine Neuaufnahme von „River Deep, Mountain High", der man deutlich anmerkte, daß Lucy eben doch nicht Tina Turner war. Aber jedesmal, wenn das Lied im Rundfunk lief, war Theo zwei Tage lang beleidigt.

Dann, kurz vor eben diesem bewußten Tag, als sie siebenunddreißig war und die Haare längst blondgeblichen trug, rief Lou sie an; er hatte über Beziehungen ein Angebot für eine Platte aufgesammelt und fand, eine Sängerin zu seinen Keyboards sei genau das, was ihm fehle. Ob sie denn wolle? Sie war gerade ein bißchen erkältet, aber plötzlich flackerten ihre Schülerträume wieder auf. Sie fuhr eine Woche lang jeden Tag ins Studio, Theo schmollte, leugnete, daß er schmollte, und schmollte um so mehr. Sie war trotzig, auch um so mehr, als Lou gar nicht mit ihr ins Bett, sondern wirklich nur Musik aufnehmen wollte. Sie fand sich entsetzlich; ihre Stimme klang zerstört, sie kratzte sich durch

32

die Lieder, wurde immer schlechter gelaunt, und am Ende, als sie alles noch einmal und noch einmal einspielten, war sie auch noch den Tränen nahe. Sie glaubte, noch nie so einen Mist abgeliefert zu haben. Auf Vereinsabenden hätte sie sich dafür geschämt. Der Ehemann war beleidigt aus dem Haus geflohen, und Ted, der älteste Sohn, klimperte zum Hohn auf Papas Gitarre, die er dreist von der Wand gehängt hatte. Lucy schloß sich ein und rief reihum alle ihre Freunde aus der Musikzeit an. Sie war eben doch nur eine dumme Hausfrau, aus der nie etwas anderes werden sollte, und nun war sowieso alles zu spät, um von diesem Leben noch irgend etwas zu erwarten. Und aus diesem Anruf ihrer tiefsten Verzweiflung und dem nachfolgenden Einsatz von Polizei und Feuerwehr entstand Marianne Faithfulls bekanntes Lied: „Im Alter von siebenunddreißig sah sie ein, daß sie nie in einem Sportwagen durch Paris fahren würde...“

Aber die Platte war gepreßt und nicht mehr aufzuhalten. Der Schrecken aller Schrecken bahnte sich an: Der Rundfunk spielte das Ding. Aber mit was für einer Ansage: „Lucy Jordan, eine bisher fast unbekannte Sängerin, findet hier ganz neue Töne, eine sehr eigenwillige, ungewohnte Blues-Interpretation, rauh, aber doch gefühlvoll, mit viel Funk und Soul. Man sollte das wirklich einmal gehört haben, und vielleicht besser nicht nur einmal.“ Sie hatten „Come on Baby, Light my Fire“ ausgekoppelt, das Lucy bis zum Erbrechen abgedroschen vorkam, wenn nicht gerade Jim Morrison selbst es sang. Sie war wenige Tage nach ihrem vergeblichen Sprung vom Dach mit blauen Flecken aus dem Krankenhaus wieder entlassen, lehnte unbehaglich im geerbten Ohrensessel ihres Vaters und fühlte sich verhöhnt, und was aus dem Lautsprecher kam, erschien ihr gräßlicher, als ihre Erinnerung an die Aufnahmen selbst sein konnte. Sie war wirklich kurz vorm Heulen gewesen, und das hörte man. Beinahe wäre sie gleich wieder gesprungen.

Als bald darauf Marianne Faithfulls Lied erschien, der Nachruf an eine entfernte Freundin aus einer Fehlmeldung, sie sei wirklich tot, war es schon überholt. Theo schwieg drei Tage lang, aber er blieb ganz und gar der einzige. Innerhalb von zwei Wochen war Lucy auf Platz eins der Hitparade. Danach war nichts mehr aufzuhalten, und das armselige Leben der gelangweilten Hausfrau Lucy Jordan verkehrte sich ins genaue Gegenteil.

Schon bei ihrer nächsten Platte machte Lou es sich zur Ehre, wenigstens noch ihr nachgeordneter Begleiter sein zu dürfen. Von einem Tag zum anderen wurde Theo zum Hartsäufer, erschien nicht mehr zur Arbeit und versackte. Ein Manager drängte sich Lucy auf, zog sie über den Tisch, und trotzdem wurde sie innerhalb kürzester Zeit schwerreich. Sie fand sich auf Welttournée, nahm weitere Platten auf und trieb sich oben in den Hitparaden herum, ohne wieder herunterzufinden. Ihr Ton hatte sie erwischt: gereizt, gelangweilt und etwas traurig, und das war genau die Art Blues-Rock, die ihre Zeit hören wollte. Sie war nicht gut, fand sie jedenfalls, aber man hielt sie dafür.

Theo kam bald bei einer Kneipenschlägerei ums Leben, nachdem er wochenlang nicht mehr zu Hause gesehen worden war. Der Sohn, das älteste Kind der Reihe, warf seine Schule ein Jahr vor dem Abschluß hin, wollte auf den Namen der Mutter mit ruppiger, sehr schlechter Musik berühmt werden, schluckte Drogen, wurde eingesperrt und trieb sich später als erfolgloser Rockgitarrist herum, der unregelmäßig bei der Mutter aufkreuzte, ihr Vorwürfe machte und viel Geld verlangte. Das verpraßte er dann regelmäßig sehr schnell und gab vor allen seinen sogenannten Freunden mit der berühmten Mutter an. Die Tochter schluckte und spritzte ebenfalls unbekömmliches Zeug, wurde in gleicher Weise eingesperrt und ging schließlich nach Jahrzehnten in schlechter Gesellschaft zugrunde, nicht ohne bei Lucy zwei Enkelchen abzuliefern, um die sie sich selbst nicht kümmern wollte. Der kleine Sohn wurde entführt und gegen hohes Lösegeld wieder freigelassen, später ging er selbst einbrechen, bis er nach ausgiebigem Gefängnisaufenthalt zu einem unauffälligen bürgerlichen Dasein fand. Lucy beneidete ihn inzwischen darum und träumte davon, hin und wieder im privaten Kreis ein nettes Liedchen zu trällern und zwischendurch im Ohrensessel ihres Vaters von Sachen zu träumen, die man besser nicht bekam. Sie fand einen Mann nach dem anderen, die sie alle ausnahmen, und das vierte Kind, das so entstand, wieder ein Mädchen, bekam bei der Geburt keine Luft und wurde ein lebenslanger Pflegefall, teilweise gelähmt, geistig behindert, aber doch nicht so weit, daß es nicht von sich wußte. Lucy versuchte sich in Spekulationen, wollte ihr Geld verspielen, sang, so schlecht sie konnte, ließ Auftritte ausfallen oder stand nur eine halbe Stunde auf der Bühne, aber was immer sie auch tat, sie wurde nur immer reicher an Erfolg und Geld. Man nahm es ihr nicht übel, wenn sie das Publikum schlecht behandelte, sondern fragte immer nur, was ihr denn fehle, und bewunderte sie für das bißchen, das sie trotzdem noch leistete. Mehrere weitere Selbstmordversuche mißlangen in geradezu lächerlicher Weise, nicht besser als der erste. Dazu hatte sie keine Begabung. Sie sollte in Filmen mitwirken, ließ sich mutwillig darauf ein und schaffte es nicht, sich zu blamieren. Ihre beiläufige Darstellung wurde zur Kunstmasche, ihre Gleichgültigkeit galt als lässig, so wie die Welt es an Frank Sinatra immer bewundernswert fand, daß er bei Bühnenauftritten völlig ohne Melodie zu singen pflegte.

Sie tat es doch, denn es mußte ja sein: Sie fuhr mit einem Sportwagen durch Paris. Nach einer alkoholhaltigen Privatfeier, bei der auch Marianne Faithfull mittat und -trank, lieh sie sich ungefragt das Gefährt eines Freundes aus und trällerte unterwegs

Mariannes Lied vor sich hin. Ungeschickterweise pflügte sie in diesem Zustand ausgerechnet den Parkplatz vor einer Polizeiwache einschließlich mehrerer abgestellter Dienstfahrzeuge um. Dafür wurde sie ein paar Wochen lang eingesperrt, schrieb ein Buch darüber und die Texte einer neuen Platte, und beides wurde ein nur noch größerer Erfolg. Der Besitzer des zerknitterten Wagens verzieh ihr und schenkte ihr obendrauf noch einen neuen; sie schwor, damit nie mehr durch Paris zu fahren, und hielt ihr Gelübde eisern ein.

Irgendwann hatte sie eingesehen, wie gut es ihr bis zum Alter von siebenunddreißig gegangen war, als sie ein bürgerliches Leben führte und hin und wieder zum eigenen Vergnügen mal irgendwo singen ging. Sie schaffte es schließlich doch, sich mit ihren beiden Enkeln und der schutzbedürftigen Tochter aus der Öffentlichkeit in ein abseits gelegenes Schloß zurückzuziehen, das sie sich irgendwo in Frankreich gekauft hatte. Die kranke Tochter war doch gesund genug, sich einen lieben Mann zu angeln, der die Verantwortung für sie übernahm, aus den Enkeln wurden sogar halbwegs lebenstüchtige Menschen, nachdem sie erst lange an der Oma schmarotzt hatten, und Lucy fand als herangereifte Dame noch so etwas wie ihren Frieden. Und als sie vom Versuch zur Ehrenrettung Ismays erfuhr, reservierte sie eine Kabine auf dem Jubiläumsschiff. Aber so, wie ihr Leben verlaufen war, konnte das ja nicht gutgehen...

*

Die Reederei Black Star blühte jedenfalls, bevor sie überhaupt ihre eigentliche Tätigkeit aufnehmen konnte. Je mehr Schwierigkeiten bei den Vorbereitungen auftraten, desto besser wurde sie bekannt und um so mehr Unterstützung fand sich. Keiner der

Geldgeber, die nach und nach einstiegen, war sich darüber im Klaren, wie billig man ein Wegwerfschiff bauen kann, wenn die Werft nicht rechtzeitig merkt, wie teuer es ist, billig zu bauen. Und manch ein alter Fahrgast überschrieb kurzerhand sein Vermögen der Black Star gegen die Zusicherung, bei der einzigen Reise des Schiffes dabeizusein. Über den ausgeschriebenen Fahrpreis war längst kein Platz mehr zu bekommen; Aggis Erbtante hatte noch rechtzeitig gebucht.

Die Inneneinrichtung war sogar besonders günstig zu beschaffen, weil gerade ein internationaler Großkonzern von Altersheimen aufgelöst wurde; dessen altväterisches Mobiliar gab es gegen Abholung aus der Konkursmasse. Das heißt nicht, daß die Insassen der Häuser alle mit an Bord gegangen wären. Aber zumindest trugen die angestaubten Einrichtungsgegenstände dazu bei, dem fertigen Schiff von vornherein einen veralteten Eindruck mitzugeben.

Während der metallene Trümmerhaufen dem entgegenging, was seiner endgültigen Form ähnlich sah, hatte der Aufsichtsrat der Reederei weitere dringende Aufgaben zu bewältigen. So zum Beispiel war ein Name für das Machwerk zu finden.

Ursprünglich hatten Schiffe halbwegs anständige Namen. Die White Star Line, sozusagen der Vorgänger, pflegte ihre Schiffe nach Eigenschaften oder Zugehörigkeiten zu benennen und den Namen auf -ic enden zu lassen. Bis auf die Übertreibungen der unglücklichen Olympic-Klasse einschließlich der Titanic ergab das recht ordentliche Ergebnisse, und manche andere Reederei ahmte die Formel später nach. Cunard benutzte Namen römischer Provinzen auf -ia, bis die Reederei sich auf die Modewelle der Traumprinzessinnen und Inselkaiserinnen einließ, gerade, als man den guten alten roten Ringelschornstein wieder einführte. Am Ende führte die Heißa-Hoppsassa-Namensgebung zu solchen Auswüchsen wie „Hello" und „Hi". Danach kam die Welle des Zynismus mit Katastrophenfilmen in Flugzeugen und entsprechenden Schiffsnamen. „Klabautermann" war noch das harmloseste Beispiel; „Wrack 2" war ein hochgradig elegantes Schiff mit einem Schwimmbad, das gestaltet war wie ein überschwemmter Gesellschaftssalon, „Havarist", „Katastrophe", „Untergang" oder „Seelenverkäufer" hießen durchschnittliche Schiffe, und auch eine „Titanic II" gab es natürlich längst. Jenes nochmalige Katastrophenschiff machte seinem Namen wirkliche Ehre; es war ein vorbildlich glückloser Dampfer, der ständig irgendwo auflief, strandete, festsaß, mit irgend etwas anderem zusammenstieß, Feuer fing, Eisberge beschädigte, leck schlug oder im Orkan auf Legerwall dümpelte (seemännischer Fachausdruck: antriebslos vor einer Küste in Lee, also dort, wohin der Wind treibt, in den Wellen schaukeln), aber doch, ohne daß jemals wirklich etwas Schlimmes geschah. Der Verdacht konnte nie widerlegt werden, daß eine geschäftstüchtige Schiffsführung es auf nautisch bedrohliche Zwischenfälle absichtlich anlegte. Es hätte auch wirklich ein guter wirtschaftlicher Erfolg daraus werden können, denn allmählich sprach sich herum, daß ein Abenteuerurlaub an Bord dieses Gefährtes fast sicher im Reisepreis inbegriffen war, aber da es den größten Teil der Zeit in irgendwelchen fremdländischen Docks zubrachte, wo wieder die neuesten der vielen Schrammen in seiner Außenhaut zugeschweißt wurden, mußte die Reederei die meisten der an sich immerzu ausgebuchten Reisen stornieren, die Fahrgäste wieder auszahlen und kam so doch nie auf ihre Kosten.

Was sonst? Eine „Jubiläum" fuhr seit 1986, eine „Jahrhundert" gab es ab 1995. Vorschläge wie „Nr 2", „Noch einmal" oder „Wiederholung" setzten sich nicht durch. Die Lösung fand wieder einmal der wendige Sproß des Hauses Ismay selbst. Nach der „Olympic" und der noch protziger benannten versenkbaren

„Titanic" hätte das dritte Schiff der Baureihe – später tatsächlich die „Britannic" – „Gigantic" heißen sollen. Im Eindruck der Katastrophe war dieser trutzige Name der Firmenleitung zu herausfordernd erschienen; was aber sollte der Name eines Schiffes, das zum planmäßigen Sinken bestimmt war, besser als herausfordern? Und damit erging der Beschluß zur Taufe auf diesen Namen, der damals nicht genutzt worden war. Dem äußeren Erscheinungsbild entsprach er jedenfalls. Die Gigantic wurde nicht nur das größte Fahrgastschiff bisher überhaupt, sie sah auch noch deutlich wuchtiger aus, als sie vergleichsweise tatsächlich war, vor allem von vorn.

*

Es war eindeutig mehr Aggis als Hubsis Sache; sie kannte die Welt, in der sich die Erbtante immer bewegt hatte, von vielen Einladungen ihrer Freigiebigkeit her. Hubert mochte sich nicht so gern in sogenannter feiner Gesellschaft bewegen. Je näher der Tag kam, desto unruhiger wurde er. „Unter solchen Leuten gehe ich doch unter", brummelte er.

„Quatsch", sagte sie, „sonst müßtest du neben mir ja auch untergehen. Oder hältst du mich etwa für weniger fein? Wenn schon, dann gehen wir gemeinsam unter."

In ihrer Wohnung sah es aus, als ob sie den Haushalt auflösen wollten. Hubsi als Mann neigte nicht dazu, übergroße Mengen an Gepäck zu bewegen. Was ihn schließlich verlocken konnte, war die Aussicht auf das gute Essen, wie es auf so altertümlichen Schiffen wie der echten Titanic einmal üblich war. Aber – „was nützt mir das, wenn ich seekrank bin?"

„Ach was. So ein modernes Schiff bewegt sich doch kaum in der See. Und vergiß nicht, wie es die Römer gemacht haben. Die haben sich übergeben, damit sie gleich wieder was essen konnten."

„Igitt."

Schließlich fand sie den Versöhnungsgrund wieder, mit dem er sich jedesmal bis auf weiteres über die unangenehm feine Reise besänftigen konnte: „Du bist doch Kaufmann. Jetzt denk mal dran, wen du da alles kennenlernen kannst. Da machst du lauter Geschäftsverbindungen auf, und wenn wir zurückkommen, steigst du ganz groß ein. So eine Gelegenheit findest du nicht so schnell wieder, lauter reiche und einflußreiche Leute zu treffen."

„Ja, wenn das so ist..."

*

In der Werft schloß sich der untere Hohlraum der künftigen „Gigantic", und der äußere Rahmen der Aufbauten nahm seinen ungefähren Umriß an. Inzwischen ließ man Schiffe allgemein nicht mehr vom Stapel laufen, sondern schweißte sie in einem Dock zusammen, das man vollaufen ließ, sobald der Inhalt schwimmfähig wurde. Für die ungewöhnliche Breite dieses Neubaus brauchte man zu diesem Zweck eine so große Anlage wie gewöhnlich nur für Ölbohrinseln und ähnlich sperrige Schwimmkörper. Darüber spannte sich eine Halle aus, die einen ganzen Landschaftspark samt herrschaftlichem Schloß eingefaßt hätte. Auch das machte den Bau für die Werft teuer, denn inzwischen mußte man andere Anwärter abweisen, die hier etwas wirklich Nützliches hätten fertigen lassen wollen. Aber es war für den Ruf so wichtig, endlich wieder ein Fahrgastschiff zu bauen, daß es manches Opfer wert zu sein schien, denn man wollte sich für die Zukunft und einen neuen Aufschwung der Passagierschiffahrt empfehlen.

Ein anständiges Schiff gehört getauft, aber auch für ein halbwegs unanständiges wie dieses wollte man die eingeführten Formen achten. Das klingt einfach; in Wirklichkeit war einige unangenehm fleißige Gedankenarbeit damit verbunden, den Anstand nach allen Richtungen einzuhalten. Denn die Umstände üblicher Schiffstaufen stimmten nicht zum Auftrag dieser Baunummer.

Seeleute sind abergläubisch. Unter anderem Bau und Taufe eines Fahrzeuges kündigen angeblich viel darüber an, wie es ihm später auf See ergehen wird. Vor der Kiellegung wird eine Pfennigmünze oder etwas von entsprechend geringem wirtschaftlichem Wert, aber sinnbildlicher Bedeutung unter das erste Bauteil gelegt; früher war das ein Abschnitts des Kieles, heute schwenkt ein Kran einen vorgefertigten großen Kasten ein, der schon einen wesentlichen Teil des künftigen Rumpfes ausmacht, und legt ihn mitten auf das Geldstückchen. Diese Geste hatte die Black Star tunlichst unterlassen, denn das, was dieses Schiff am wenigsten brauchen konnte, war Glück. Es war zum Sinken bestimmt, und man brauchte alle nur denkbaren schlechten Omen für seinen Auftrag. Kein Selbstmörder würde sich auf einem unsinkbaren Dampfer einschiffen. Was man dazu tun konnte, Unglück zu beschwören, wurde sorgfältig vorbereitet, denn die Werbung verpflichtete dazu.

Diesem makabren Geist blieben Werft und Reederei zielstrebig auch nach der Kiellegung weiter treu. Zum Beispiel ist es ein bekanntes schlechtes Vorzeichen, wenn die Taufflasche beim ersten Anwurf auf den Rumpf nicht gleich zerbricht. Also beschaffte die Reederei mit Vorbedacht ein Magnum-Gebinde edelsten Champagners aus besonders festem Glas, das dafür gemacht war, gleich mehrere Aufschläge heil zu überstehen.

Die Auswahl der Taufpatin war ebenso schwierig. Natürlich gab sich keine angeheiratete oder eigenmächtig bewährte Gestalt des öffentlichen Lebens für ein Selbstmordschiff her. Wer möchte schon gern die Unheilsbotin verkörpern? In Frage kamen ihrer sinnbildlichen Bedeutung halber stattdessen verkrachte Edelhuren, berühmte Verbrecherinnen oder die Ehefrauen unehrlicher Männer, die auf Kosten ihres Gemahls reich geworden waren und ihn ausgebeutet und verarmt zurückgelassen hatten, oder anderes Gelichter ähnlicher Art; andererseits konnte eine zu eindeutige solche Auswahl die großenteils sicher traditionsbewußte Kundschaft, die man für das Schiff ansprechen wollte, womöglich doch verschrecken. Irgendwo zwischen diesem verruchten Bild und einem Ausbund von Anstand und Sittlichkeit althergebrachten Stils mußte man die Unglücksfee finden. Am Ende fand sich eine Schauspielerin von oberen Graden des Erfolges bereit, die mit dem Stoff hinreichend verbunden war, indem sie sich schon um viele Untergänge und Katastrophen darstellerisch bemüht hatte, eine, von der man wußte, daß in jedem Film, in dem sie erschien, das ganz große Unglück sicher zu erwarten war. Ein tödliches Schiff vermehrte auch ihren Ruhm wie auf Gegenseitigkeit sie seinen.

Der Festakt wurde ob seiner Bedeutung von der Black Star aufwendig vorbereitet und aller Welt angekündigt. Werftarbeiter behängten die unabsehbare Halle mit Schmuck, daß man ihr Gestell fast nicht mehr sah, und richteten den Empfang für Tausende von Zuschauern ein. Bis zuletzt zimmerten eilig zusätzlich eingestellte Handwerker am Gerüst für die Ehrengäste, denn die hauseigene Einrichtung für Taufen war nicht verwendbar; für die geplante Wurfweise brauchte man einen höheren Turm als sonst.

So etwas war sicher nur einmal in der Geschichte des Betriebes nötig, dementsprechend provisorisch gestaltete sich darum dieser Aufbau.

Die Flasche hing an einem überlangen Seil und sollte vom überhöhten obersten Podest aus abgeworfen werden, weil sie zu groß und zu schwer war, um sie in angestammter Weise gegen das Schiff zu schleudern; die Kräfte dafür traute man einer Frau nicht zu. Sie sollte stattdessen in einem sanften Bogen abwärts schwingen und dann nur schwach an den Rumpf klopfen, war danach wieder heraufzuziehen und von einer tieferen Ebene nochmals und mit mehr Antrieb zu werfen. Natürlich mußte sie letzten Endes doch zerbrechen, denn Schaum und Splitter erwartete die geladene Presse und verlangte die Welt.

Fachkreise schickten alles zum Fest, was sich bewegen konnte, die Erstatter von Bericht und Meinung kamen in Scharen, und auch Prominenz aus Politik und Schau erschien, denn ein großes Fahrgastschiff war schon lange nicht mehr neu in Dienst gestellt worden und ein solches Erlebnis darum selten. Die Massen der Zuschauer sammelten sich, unter viel mehr Menschen als erwartet bogen sich die Zuschauerränge und knirschten und knarrten verdächtig, und die teuer bezahlte Filmdame stieg in gemessenen Schritten, umrauscht von Beifall, die Treppe hinauf. Die Flasche stand ein bißchen schief auf einem Brett bereit zum Absturz, so daß sie nur angeschubst werden mußte.

Morgan und McDowell-Ismay begannen mit den ersten Pflicht-Ansprachen und redeten in bebend getragenem Ton von Pioniergeist, einem großen Vorhaben und dem Wunsch, mit diesem Schiff neue Zeichen zu setzen und an alte zu erinnern. Die Diva strahlte solange zähnereich um sich und in die Menge, fühlte sich allein beachtet und überzeugt, daß man das Schiff nur ihr zu Ehren gebaut habe, und dann wurde an sie übergeben.

Bei Taufen wünscht man einem Schiff „allezeit gute Fahrt" und wenn es hoch kommt noch „immer eine Handbreit Wasser unter dem Kiel". Was sollte man aber sagen, wenn das Schiff dafür bestimmt war, nur kurze Zeit geradeaus in seinen Untergang zu reisen? Dafür gab es bisher keine Vereinbarungen. Die Mimin improvisierte darum: „Ich taufe dich auf den Namen ‚Gigantic'' und wünsche dir Mast- und Schotbruch." Das klang schön gefährlich, aber, wie dumm, damit wünschen sich Segler und Seeleute entschieden Glück, bevor sie aufbrechen, und unbedingt alles andere als einen Untergang. Das wußte sie wohl nicht; sie hatte den Spruch ahnungslos aufgeschnappt. Und im Schwung ihrer flotten Rede stieß sie die Flasche nicht nur vorsichtig vom Brett, wie sie es vorher doch mehrfach geprobt hatte, sondern wollte mit einer besonderen Wirkung überraschen. Kein Gastgeber hatte überlegt, daß manche Filmdarstellerinnen gern ihre Stunts selbst spielen und darum in guter körperlicher Übung sind. Diese war es jedenfalls, und für ihre Katapultstärke war die vorgesehene Bahn des Flaschenfluges nicht berechnet und die ganze ausgetüftelte Vorrichtung nicht eingerichtet. Die Schauspielerin war dagegen besonders stolz auf ihre sportliche Verfassung und wollte damit verblüffen, wozu sonst war sie die Darstellerin so vieler Katastrophen gewesen? Sie schaffte es tatsächlich, das gepanzerte Gefäß hochzuheben und trotz allen Gewichtes kräftig wie einen Diskus von sich zu werfen.

Als Folge dieses Gewaltwurfes fiel die Taufe so ungewöhnlich und buchstäblich durchschlagend aus, wie sie eines derart besonderen Schiffes allein würdig war. Die Flasche flog nicht etwa wie vorgesehen schräg abwärts in Richtung auf den Bug des Schiffes zu, sondern schwungvoll zur Seite, ganz anders als gedacht, denn die Aufhängung war nicht über der Mitte des Podiums angebracht, und das hatte die Patin nicht überlegt. Stattdessen kreiste das Behältnis edlen Schaumweines in einem großen

44

Bogen am Schiff vorbei, weit hinaus in den offenen Raum der Dockshalle, schwang hinter dem Turm der Ehrengäste im Kreis herum, streifte die dahinter ansteigenden, schwer überlasteten Sitzreihen, wo sofort Flucht und Panik einsetzte, schlug einige Beulen und Platzwunden, während unter den eiligst davonstürmenden Opfern das nur für einmaligen Gebrauch roh genagelte, schwankende Gerüst anfing, prasselnd zusammenzusacken, war nun abgebremst und prallte geradeaus von hinten auf das hoch aufgebaute, viel zu schwache Gestell der Prominenz, blieb kurz daran hängen, während der Aufbau polternd einstürzte, bekam vom kippenden Turm einen neuen Schub nach vorn und knallte endlich mit vermehrtem Schwung gegen die Bordwand, wo es in einer Wolke aus Schaum und Scherben sofort zerplatzte, wie dumm, nach allem Schaden doch gleich beim ersten Treffer. In der Bordwand hinterblieb eine deutliche Delle.

Niemand wußte, wie man das nun deuten sollte. Einerseits war alles schiefgegangen, andererseits die Flasche doch wörtlich auf Anhieb zersprungen. In den Trümmern rundumher lagen mehr als dreißig Schwerverletzte und vorläufig vier Todesopfer. Die Patin selbst hatte eine Kopfplatzwunde, aber sonst keinen Schaden, denn in der eingeschliffenen Übung ihrer Filme hatte sie sich schnell mit einem akrobatischen Sprung in Sicherheit bringen können. Das Fernsehen verewigte diesen Meistersatz in Zeitlupe mit Aufmerksamkeit und Vergnügen. Glück hatten auch McDowell-Ismay und Morgan, die mit ein paar Schrammen und Beulen davonkamen.

Aber nun erwartete das gesamte Personal um so mehr alle nur erdenklichen Erschwernisse beim Fluten des Docks. Schon bisher hatte man dem wackeligen Gebilde darin nicht getraut, jetzt aber glaubten alle im ersten Schreck, daß niemand so viel Unglück auch nur vorhersehen konnte, wie unvermeidlich kommen mußte. Alle versuchten aufgescheucht, zu retten und zu sichern, was sich nur irgend retten und sichern ließ.

Man mußte erst die Verletzten bergen und den gröbsten Schutthaufen abtragen, aber die Werft hatte weitere Verpflichtungen und wollte das Dock schleunigst räumen, also war trotz allem das frisch getaufte Schiff sofort hinauszufahren; es war noch die Zeit vor dem Konkurs. Während nun mit Blaulicht und Sirenen eine Flotte von Rettungsfahrzeugen und Bergungsgeräten anrückte und das Innere der Halle laut und flackernd belebte, hasteten gleichzeitig die Mitarbeiter der Firma in Panik herum und versuchten, den Kasko, also das halbfertige Schiff, mit allen denkbaren wie auch unvorstellbaren Mitteln gegen sämtliche Arten von Pannen zu schützen, die man in der Seefahrtsgeschichte kennt, und möglichst auch gegen alle unbekannten, die noch kommen mußten. In der Eile konnte keiner den anderen fragen, und jeder tat, was ihm am nächsten lag. Irgend jemand öffnete hastig und kopflos die Flutklappen der Tore, während auf dem Boden allerhand Werftvolk noch immer wuselte und Vorsichtsmaßnahmen versuchte; die ersten Arbeiter zappelten prompt im sprudelnden Wasser.

Gegen jede Art der Abweichung von einer ebenen Lage im Wasser hatte man den aufschwimmenden Schiffskörper vorsorglich verzurrt und festgebunden. Von diesem Unglücksbau erwartete man schon vor dem Einsatz alles Schlechte, was sich irgendwie ausdenken ließ, aber auf jeden Fall nicht, daß er einfach schwamm, wie es vorgesehen war. Gerade das, womit alle am wenigsten gerechnet hatten, geschah aber nun, und daraus wurde das wirkliche Unglück. Das Wasser stieg, und gerade wie ein Aufzug hob sich die künftige Gigantic mit ihm in die Höhe, aufrecht wie eine Eins. Dann ging es nicht weiter; drang nun schon das Wasser ein, wie heimlich alle von diesem notdürftig zusam-

mengeflickten Rumpf erwarteten? Nein, mit scharfen Peitschen-
geräuschen rissen verschiedene Taue, die man nicht rechtzeitig
gelöst hatte; sie hatten den Rumpf in Stellung halten sollen,
spannten ihn aber nun am Grund fest, bis sie durch den Auftrieb
rissen. Die entsprungenen Tampen schlugen in der Halle über
dem Dock wild wie wütende Schlangen um sich und zerstörten
ebenso die Einrichtung wie etliche weitere Menschenleben.
Jemand mit viel Verantwortung und ganz ohne Übersicht
bediente eine Trillerpfeife und scheuchte erschrockenes Volk
sinnlos hin und her, um für noch mehr Sicherheit zu sorgen, und
sorgte deshalb für noch mehr Gefahr. Gleichzeitig öffnete
jemand anders schon die Tore des Docks zum äußeren Hafen-
becken und lotste von außen die Schlepper zur Gigantic, um sie
ins Freie zu ziehen. Jetzt wußte endgültig niemand mehr, was
geschah und was schon geschehen war. Die Schlepperkapitäne
glaubten im Gewirr, das neue Schiff vor einem nicht näher
bekannten Unglück retten zu müssen, und sobald sie die Trossen
übernommen hatten, zögerten sie keine halbe Minute, ihre
Maschinen mit voller Kraft aufzudrehen. Innen war die Gigantic
über dem Wasser immer noch nach allen Richtungen mit den
Streben der Halle vertäut, denn einige Ingenieure hatten fest mit
ihrer sofortigen Kenterung gerechnet, sobald sie frei schwamm.
Langsam kroch das riesige Schiff nun aus der Halle, deren Pfei-
ler gemächlich nachgaben und sich neigten, und während sich die
Gigantic erstmals unter freiem Himmel zeigte, faltete sich das
ganze gebirgshafte Gebäude hinter ihr im Zug ihrer Taue geruh-
sam und vornehm zu Boden. Nun ja, das war der geringste
Schaden, denn die Halle war gut versichert. Aber noch weitere
zwanzig Menschen kamen nicht mehr lebend heraus.

Das Schiff selbst schwamm aber senkrecht wie ein Fernsehturm
und schwankte so wenig wie eine alte Burg. Das änderte sich
auch nicht, als es im viel zu großen Schwung des übereilten

Schleppmanövers auf der anderen Seite des Werfthafens eine Reihe teurer Yachten zerdrückte, die bereitlagen, um sie in den nächsten Tagen an verschiedene Millionäre abzuliefern. Vier davon waren danach nicht mehr zu brauchen, und sie nochmals zu bauen war ein Aufwand, den die Versicherungen bezahlen mußten, zur voreiligen Freude der damit gut beschäftigten Werft, die ja für die nächste Zeit keine große Dockhalle mehr besaß (genau gesagt zur Freude des Unternehmens, das die Anlagen nach dem Konkurs aufkaufte). Natürlich kamen an Bord dieser Bucentauren einige der Handwerker um, die gerade dabei waren, die letzten Verzierungen anzubringen und zu putzen. Aber die Gigantic kratzte sich nur ein paar oberflächliche Schrammen in ihren Anstrich, der im Dock allemal nur vorläufig gewesen war.

Die abergläubischen Fachleute stritten heftig darüber, welche Bedeutung ein solches verheerendes Orakel von Taufe und Auf-schwimmen nur haben konnte. Dieses Schiff sollte in sein Unglück fahren; aber es sah ohne Zweifel so aus, als brächte es welches. Seine Zukunft sollte düster sein; sie versprach sich über alle Grenzen bekannter Seefahrtsgeschichte schauerlich, darin waren sich alle einig. Was heißt aber Unglück für ein Schiff, das für das Unglück gebaut ist? War ihm der Erfolg sicher?

Aber die Öffentlichkeit bemerkte nur eine Tatsache: Hier war etwas Besonderes im Gange. Als Werbung war alles nur gut, um so besser, je schlimmer es wurde, und Fitzgerald wie auch Morgan rieben sich heimlich die geldhungrigen Hände. Und die Freitod-Anwärter strömten in gierigem Gedrängel in die Reise-büros, denn in einem derartigen Unglücksschiff mußte man ein-fach verläßlich umkommen.

*

Das Fernsehen zeigte, wie die neue Gigantic für die Presse Runden fuhr. Das Schiff schwamm weiterhin klaglos, und fast war man darüber enttäuscht. Hubsi bemängelte, daß er keine Rettungsboote sah. Aggi glaubte, auch da wieder eine Erklärung zu haben: „Altmodische Rettungsboote sind doch längst überholt. Die haben heute viel bessere Einrichtungen zum Untergehen."

In der Fachwelt war man über die Erscheinung der Gigantic unstimmig. Etwas grundsätzlich Neues wird von manchen immer gern kritisch gesehen, andererseits halten viele etwas schon deshalb für gut, weil es nicht so ist wie bisher. Zwischen „Pyramide" und „Kühlturm" schwankten die Bezeichnungen, bis man sich auf „Turm zu Babel" einigte. Fahrgastschiffe waren in den letzten Jahrzehnten immer kürzer und höher geworden; ein Ende dieser Entwicklung war noch nicht abzusehen. Die Frage, ob bei einem Untergangsschiff der Bug aufwärts oder abwärts gebogen sein müsse, war einfach gelöst worden: Es gab keinen mehr. Die Aufbauten reichten bis zur vorderen Spitze.

„Eigentlich sieht es aus wie ein ausgelatschter alter Schuh", fand Aggi. „Nur eben weiß", meinte Hubsi.

Auf allen Probefahrten hatte sich der schwimmende Turm glänzend bewährt. Mitten im Kofferpacken bewunderten Aglaia und Hubert ihr künftiges schwimmendes Hotel, als das Fernsehen seinen großen Öffentlichkeitsauftritt bei der Übergabefahrt vor der Presse in den Hauptnachrichten zeigte. Aggi wurde heiser vor Andacht, als sie sehen durfte, wie die eingeladenen Journalisten drinnen in der hohen Halle das nach allen Seiten vor teuren Speisen auskragende Buffett umstreunten. „Und das sehen wir übermorgen alles selbst!"

*

Schnell mußte die Gigantic nicht sein; auch der Titanic hat nur die Legende ein Rennen ums Blaue Band zugeschrieben. Nicht nur war sie größer und dabei schwächer motorisiert als der Dampfer, der damals den Rekord hielt, die mit Recht berühmte „Mauretania", also von vornherein nicht dafür geeignet; wäre es möglich gewesen, dann hätte die Schwester Olympic den Preis schon vorher geholt, denn sie war technisch der Titanic gleich. Die Gigantic sollte den Fahrplan der Titanic einhalten, und das verlangte nicht viel Kraft von ihr; als modernes, breites Schiff hatte sie wenig Wasserverdrängung, war damit leicht und brauchte keinen starken Antrieb. Und man wollte dieses Märchen, im Gegensatz zu manchen anderen, nicht unbedingt wiederbeleben, denn es wäre zu teuer gewesen. Die doppelte Anzahl der notwendigen Maschinen hatte man für alle Fälle trotzdem an Bord, denn sie waren ja Schrott, der vielleicht nicht durchhielt, billig zu haben gewesen und guter Ballast bei starkem Seegang.

So ähnlich schrottreif war auch die Besatzung. Sie war vielleicht von allem am schwersten zu finden gewesen, und Fitzgerald hatte am Ende viel zu tun und manche Prämie dazuzulegen. Der Grund war eine Einsparung anderswo: Es gab keine Rettungsmittel an Bord, Überlebende waren nicht vorgesehen, und so mußte auch die Mannschaft aus Selbstmördern zusammengestellt werden. Die brauchten zwar außer Unterkunft und Versorgung bis zur Versenkung keine weitere Bezahlung, aber manche konnte man nur anwerben, indem man ihren Hinterbliebenen Zuschüsse versprach. Außerdem ist es nicht unbedingt einfach, Leute zu finden, die in ihrem Beruf zur oberen Leistungsklasse zählen, nicht mehr leben wollen und trotzdem bereit sind, noch einmal ihr Bestes zu geben. Jedenfalls dann nicht, wenn man ungefähr zweitausend davon braucht. Andererseits muß man nicht befürchten, daß gescheiterte Glücksritter und gestrandete Gauner die Fahrgäste betrogen oder ausraubten; sie hatten ja nichts mehr davon. Wiederum zum Anderen wird sich ein bestohlener Mitreisender, der seine Juwelen doch nur mehr mit auf den Meeresgrund genommen hätte, wohl kaum mehr ernsthaft beschweren. Bei den unteren Dienstgraden waren deshalb keine so hohen Ansprüche nötig. Es genügte, daß jemand sich umbringen wollte und seemännische Grundkenntnisse oder Erfahrung im Hotelfach besaß. Um so mehr Aufmerksamkeit war aber an die Bestellung der Führungskräfte zu wenden.

Die Rolle des Kapitäns besetzte McDowell-Ismay nach ausführlicher Überlegung und Prüfung mit George Seyffharrdth, einem geübten und erfahrenen Hochstapler, der sich die überschüssigen Buchstaben seines deutsch aussehenden Familiennamens sorgfältig ausgesucht hatte. Er war ganz sicher, daß jeder Mensch anderer Muttersprache allein an diesem Rätsel schon so viel Anteil nahm, um ersten Gesprächsstoff immer zu gewährleisten, und das Tor in alle Arten von Gesellschaft ihn damit weit offen einlud – er hatte sich demgemäß auch unter den Namen Mejjer-lliengckh und McLleouydtt umgetrieben. Der Mann war häufig als Seekapitän aufgetreten, wenn auch in einem Mindestabstand von 200 Kilometern zur Küste landeinwärts, und hatte seefahrtbegeisterte ältere Damen um ihr Geld gebracht, die ihm bis zu seinem nächsten Kommando ein Darlehen aufdrängen wollten. Eines konnte er nachweislich: in der Öffentlichkeit den Fahrensmann darstellen. Mehr mußte er auf der Gigantic allemal nicht leisten. Seine Aufgabe war allein gesellschaftlich. Nun war er in einem Alter, daß ihn die Frauen nicht mehr mochten, im Gefängnis war er sichtlich gewelkt, und für seinen Beruf taugte er nicht mehr. Bevor er verhungerte, griff er lieber nach der Gelegenheit zu einem letzten großen Auftritt. Da aber bei der Ausreise aus Southampton noch immerhin Hoheitsgewässer zu befahren waren, wo Vorschriften gelten, ließ Fitzgerald McDowell-Ismay ihm ein Patent auf Großer Fahrt besorgen; es fand sich schließlich in einem libyschen Basar ungefähr zum Preis einer Hotelübernachtung in Manhattan. Woher der Kameltreiber, der es verkaufte, dieses Originalstück hatte, war nicht einmal zu erraten. Er behauptete jedenfalls, er habe es geerbt. Er selbst hatte als Wüstenschiffer in seinem Leben noch nie ein Schiff gesehen, noch nicht einmal eine Fläche stehenden Wassers, die größer war als eine Kameltränke.

Mit dem ersten Offizier gelang ein wirklicher Glücksgriff. Er mußte im Gegensatz zum Kapitän nicht nur etwas von Seefahrt verstehen, er mußte sogar außergewöhnliches Geschick besitzen, denn es war nicht nur seine Aufgabe, die Gigantic zu steuern, sondern er sollte sie eigenhändig versenken. Dazu muß man ein paar Tatsachen um die Umstände des Unterganges der Titanic wissen:

Wenn das Gerücht zutrifft, daß sich Murdoch noch vor dem Untergang seines stolzen Schiffes auf der Brücke erschossen haben soll, dann hatte er jedenfalls einen guten Grund dafür. Er war für die Versenkung verantwortlich. Es mag vielleicht verzeihlich erscheinen, wenn man innerhalb von angeblich siebenunddreißig Sekunden, wie offenbar jemand genau gemessen haben will, eine falsche Entscheidung trifft, wenn man aber weiß, daß man gerade ein paar hundert bis tausend Menschen umgebracht hat, ist es doch sicher nicht leicht, das vor sich selbst zu entschuldigen – auch nicht, wenn man nur siebenunddreißig Sekunden Zeit hatte und in wenigen Stunden sowieso tot sein wird.

In siebenunddreißig Sekunden kann man eine große Schiffsmaschine nicht auf volle Rückwärtsfahrt umschalten. In dieser Zeit läßt sie sich vielleicht gerade zum Stehen bringen. Bremsen kann man also nicht. Wenn man bei einem propellergetriebenen Schiff die Maschine abstellt und dann Ruder legt, dann ist das ungefähr so gut, wie wenn ein Autofahrer bremst, bis die Räder blockieren, und dann zu lenken versucht. Nämlich gar nicht. Die Lenkwirkung fällt aus. Wenn der Strom des Schraubenwassers auf das Ruderblatt aussetzt, wirkt es nur noch wenig. Hätte Murdoch nur die Maschine stillgelegt und wäre geradeaus weitergefahren, dann hätte die Titanic den Eisberg frontal gerammt, ein Loch in den Bug bekommen, hätte verunziert ausgesehen, aber sicher nach New York weiterfahren können. Solche Vorfälle waren damals häufig, und weil sie meistens nicht mehr als Sachschaden verursachten, pflegten Schiffe, auch ohne ein Blaues Band zu wollen, durch Eisfelder durchzupreschen. Hätte Murdoch stattdessen die Nerven behalten, den Antrieb weiterlaufen lassen und nur gesteuert, wäre er, wie man das heute wissen kann, gut seitlich am Eisberg vorbeigekommen. Aber so etwas erkennt man erst nachher.

Ganz gewitzte Fachleute wissen es sogar noch besser: Die Titanic war ein Dreischraubenschiff. Hätte der verantwortliche Offizier auf der Brücke hart Ruder gelegt, den mittleren Propeller laufen lassen, den an Steuerbord (rechts, wo der Eisberg drohte) stillgelegt und den backbordseitigen so schnell wie möglich umgesteuert, dann hätte er die beste Wirkung in der gegebenen Lage erreicht. So etwas lernt man als Seeoffizier auf den zuständigen Schulen. Andererseits hätten allein die Kommandos, dieses Manöver einzuleiten, sicher sechsunddreißig der siebenunddreißig fraglichen Sekunden beansprucht, und die Katastrophe wäre dieselbe geblieben. Welche Erwägungen jemand anstellt, der einen Eisberg unmittelbar vor dem Bug und die Verantwortung für ein Schiff mit mehr als zweitausend Menschen an Bord auf sich hat, ist wohl nur für den vorstellbar, der einmal in diese Lage gekommen ist, und wie er sich danach fühlt, um so mehr. Manchmal hat er keine Gelegenheit mehr, davon zu erzählen.

Statt aller dieser schulmäßigen Handlungen hat Murdoch sein Schiff antriebs- und steuerlos gemacht, aber die restliche Wirkung des umgelegten Ruders führte immerhin noch dazu, daß es sich vorwärtstreibend leicht schräg stellte. Damit konnte es ausgiebig am unterseeischen Teil des Eisberges entlangschrammen und sich das längstmögliche Leck in die Seite ziehen. Dieses Kunststück war also die wahrhafte Meisterleistung einer fast unmöglichen Schiffsversenkung.

Genau mit dieser Technik aber pflegen die Ausflugsschiffe auf unseren Binnenseen am Steg anzulegen: Sie setzen die Antriebskraft in einer Drehbewegung aus, so daß sie schräg seitwärts, aber in Fortsetzung der vorher gefahrenen Richtung gegen die Anlegestelle treiben. In diesem Fall ist das erwünscht; sie treffen genau dort auf die Landungsbrücke, wo sich seitlich in der Bordwand die Einstiegstür befindet.

Eben diese Technik beherrschte Ernst Lueggi, ein Dampfschiffkapitän aus der Schweiz, denn er hatte sie in seinem Leben etliche zehntausend Mal angewandt. Er war der Schiffsführer eines schönen alten Raddampfers gewesen. Dieser stellte das Schmuckstück des heimatlichen Sees dar; im späten zwanzigsten Jahrhundert hatte eine Bürgerbewegung, zu deren wesentlichen Betreibern Lueggi gehörte, dieses Schiff vor der Verschrottung gerettet. Es war dann lange sehr erfolgreich darin, den Fremdenverkehr der Gegend zu beleben. Nach mehreren Jahrzehnten des Betriebes kam aber die technische Grenze; man hätte wiederum viel Geld in eine Aufarbeitung der empfindlichen Dampfanlagen stecken müssen. Das Geld war nicht da, und so wurde das Schiff bis auf weiteres stillgelegt und als Restaurant am Ufer verankert. Es war noch vorhanden, aber Lueggi konnte nicht mitansehen, wie es untätig dalag. Er war noch nicht pensionsreif und sollte künftig ein Motorschiff steuern. Das konnte er zwar auch, aber täglich mehrmals an seinem alten Arbeitsgerät vorbeizubrummen brachte er nicht über sich. Der Sinn seines Lebens hatte sich erschöpft. Und darum musterte er ab und stellte seine Anlegetechnik der Black Star Shipping zur Verfügung. Anlegen am Eisberg sollte keiner so gut können wie er.

Sehr wichtig war auch die Stelle des Kochs, denn man hatte an alte Legenden anzuknüpfen. In früheren Zeiten war der Speisesaal ein Genußtempel an Bord gewesen, und die Mahlzeiten waren gesellschaftliche Glanzfeste. Das hatte sich gründlich geändert, seit kulinarische Kunst ab Ende des zwanzigsten Jahrhunderts durch das sogenannte „Catering" ersetzt worden war, also die billige Abfütterung nach Fließbandart. Ganz zu Ende war es dann mit der Kultur des Kochens, als die wenigen Konzerne, die den Markt mit Minderfraß bewarfen, zu Geschäftspartnern nur noch die Schiffsaufkäufer fanden und selbst zu hungern anfingen, so daß ihre geschäftlichen Führungsgestalten auf einmal gezwungen waren, das Zeug eigenmündig zu verzehren, weil ihre Frauen zu Hause ebenfalls sparen mußten; einige der noch fähigen Köpfe verließen nach dieser Erfahrung fluchtartig unter deftigen Anzeichen des Ekels ihre Firmen. Jedenfalls war seit einiger Zeit die einstmals so berühmte Schiffskost ungefähr so weit in Verruf geraten wie Kantinenessen oder die allgegenwärtigen Hamburger-Auswurfstellen in den Städten. Es soll Kreuzfahrtgäste gegeben haben, die sich vorsorglich einen Wochenvorrat an Dosenfutter und einen kleinen Elektrokocher im Koffer mit an Bord schmuggelten.

Auf der Gigantic kam das nicht in Frage. Man wollte ganz große Küche wie in alten Zeiten. Aber wie bekam man einen mehrfach gezeichneten Koch, dessen Sterne nicht nur in seiner Suppe schwammen? Solche Leute stehen erfolgreich im Leben und überhäufen sich mit Ruhm; die bringen sich nicht freiwillig um, höchstens ungewollt durch Schlemmerei, denn gute Köche sind immer auch selbst begnadete Genießer.

Am Ende fand sich doch François Lemurcq, einer der besten und zugleich an Erfolg ärmsten Meister der Welt. Ein Franzose mußte es natürlich sowieso sein, und dieser wurde es.

Lemurcq stammte aus der Familie eines Kantinenkochs in einer großen Fabrik bei Lyon. Nichts wollte er dringender als kochen, während sein unglücklicher Vater ihm abriet, weil ihn sein eigener Beruf anwiderte. François schnippelte trotzdem in der Küche Kartoffeln, und als Papa krank war, übernahm er eigenmächtig für drei Tage den Betrieb, kaufte für das halbe Geld ein, zauberte Gerichte ohne Beispiel, die die Welt noch nicht geschmeckt hatte, und auf einmal verlangten die Leute Nachschlag, gingen zweimal zum Essen und fälschten die Marken. Nachdem Vater Lemurcq wieder zurückkam, streikte die gesamte Belegschaft und weigerte sich, weiter in der Kantine zu essen. Das führte dazu, daß die Fabrik den Vater hinauswarf, er aber ebenso den Sohn aus dem Haus. Der kam im Restaurant eines Onkels unter, klein und gar nicht fein. Auch das ging solange gut, bis François wieder Gelegenheit bekam, einmal selbst zu kochen. Danach war er auch hier nicht mehr geduldet. Das geschah ihm immer wieder; ständig war er so undiplomatisch, den Patron an die Wand zu kochen, und machte sich unvermeidlich unbeliebt. Er zog auf einmal Massen in eine der üblichen Hamburger-Giftküchen und war damit sofort untragbar für den Konzern, weil die Kundschaft andere Filialen sofort mied, er half in Betriebskantinen aus, er war sogar eine zeitlang bei einer großen Catering-Firma für Fluglinien beschäftigt, und gleich gab es Beschwerden, weil die schlankheitsbewußten Vielflieger der Business Class auf einmal zu viel aßen und feststellten, daß sie zunahmen, sofort die Gesellschaft auf Schadenersatz verklagten und vor einem amerikanischen Gericht recht bekamen. Lemurcq kochte vor allem hervorragend, leider aber auch entschieden nahrhaft. Er schaffte es nirgends, so lange zu bleiben, daß er jemals seinen Beruf zu Ende lernen und mit einem Abschluß besiegeln konnte. Und als er endlich beim Inhaber eines kleinen und doch feinen Restaurants am Lac d'Annecy unterkam, der sich zurückziehen wollte und dem begabten Neuling gern die Küche allein überließ, als er innerhalb von wenigen Wochen Ruhm sammelte und man von überallher zu ihm strömte, als sich endlich eine Gruppe reicher Teilnehmer einer erhaben teuren Geschäftstagung zum Abendessen bei ihm anmeldete, da geschah es, daß die Herren nach anstrengender ununterbrochener Sitzung mit ihrem großen Hunger vorab eine amerikanische Bulettenschleuder besuchten, die nicht ganz sauber war. Sie hielten es aus bis zum nächsten Morgen, schwelgten in der Zwischenzeit in Lemurcqs herrlichen acht Gängen und versprachen ihm ewigen Weltruhm, aber am frühen folgenden Tag hatten sie alle einen brausenden Zwei-wege-Abgang ihrer vorher aufgenommenen Genüsse, und die Anwälte der amerikanischen Fleischabfallverwerter hatten genug Bestechungsgeld zur Verfügung, damit der Gutachter bewies, daß aus der Konzernküche auf jeden Fall keine Brech- und Abführbakterien stammen konnten. Lemurcq wurde verurteilt, denn schuld konnte nach folgerichtigem Schluß nur seine Küche sein, saß einige Jahre, kochte solange in der Gefängnisküche, bis die Mitinsassen sich fett und anspruchsvoll mästeten, und wurde lange vorzeitig unehrenhaft aus dem Knast entlassen, weil es zu einem Aufstand mit Geiselnahme gekommen wäre, wenn er im Bau zwar geblieben, aber etwa nicht weiter gekocht hätte.

Ab nun kochte er nicht wieder öffentlich. Er verdingte sich in entgegengesetzten Berufen, reinigte Rohre, Leitungen und Latri-nen, wachte über öffentliche Örtchen, fuhr auf dem Müllwagen mit und übte die Küche nur für sich zu Hause und für Freunde.

Aber unter diesen sprach sich sein Talent herum, und im Lauf der Jahre sammelten sich immer bessere Leute an, bis sich die wahre Prominenz darunter fand. Aber man gab seinen Namen nicht weiter; Staatspräsidenten wissen zu schätzen, wenn man die Adresse nicht kennt, unter der sie zu besonderen Gelegenheiten speisen. Die erlesenen Gäste brachten Geschenke, und neben dem Einkommen aus der Müllabfuhr konnte der verhinderte Koch davon leidlich leben, aber unglücklich wurde er um so mehr. Der Traum dieses verkorksten Lebens blieb für immer das große, eigene Restaurant. Das bekam er nun, er als Meister eines Speisesaals für fünftausend Gäste mit allerhöchstem Anspruch.

Natürlich fuhr Fitzgerald McDowell-Ismay nicht mit; er wollte leben, um von seinem Prachtgeschäft lange etwas zu haben. Morgan war selbstverständlich an Bord; er gedachte sich als sein eigenes Denkmal zu versenken. Unterwegs waren beide in ständiger Verbindung durch alle Arten von verschalteten Netzen des Datenaustausches, denn es war hochbrandendes Geschäft bis zum nassen Ende.

lustig

Aggi und Hubsi rauschten mit dem teuren und unbequemen Zug durch den Kanaltunnel, weiter durch Südengland und wurden in Southampton vom Pendeldienst der Black-Star-Reederei am Bahnhof abgeholt. Ab jetzt waren sie in den besten Händen und wurden von hinten und vorn nur noch betreut. Im Bus schenkte eine steif grinsende Hostess schon den ersten echten französischen Champagner aus. Das Gepäck hatte man ihnen sanft entrissen, um es auf Schleichwegen in die Kabine vorauszubringen.

Das ganz große weiße Hochhaus im Hafen war die Gigantic. Sie beherrschte alles rundum; ihr Name war entschieden angemessen. Unter einem durchgehenden Dach aus Baldachinen über einem Streifen roter Teppiche wurden die Fahrgäste wie Fürsten zu einer unermeßlich hohen Bordwand und über eine auffallend bequeme Treppe ins schiffseigene Foyer geleitet. Aber viele gingen erst einmal auf dem schnöden Asphalt fremd, um das ragende Schiff von außen ordentlich zu bewundern. Außer unseren beiden rechnete ja niemand damit, diesen Anblick jemals wieder geboten zu bekommen. Bis auf das Beiwerk der Masten mit der Flaggengala, die schräge Rundung der Vorderwand und die Neigung seiner vier Schornsteinröhren war das Schiff von einem ortsfesten Hotel nicht zu unterscheiden.

„Warum fotografiert denn keiner?" fragte Hubsi. Er hatte es als erster bemerkt. Sie beide taten es natürlich, und darüber wunderten sich nun wieder die anderen. Das war noch mehr Grund, sich zu erstaunen.

Aber die Zeit blieb nicht, sich damit lange zu beschäftigen, denn zugleich mit ihnen traf der Lastzug mit dem Zucker ein. Aggi und Hubsi sahen, wie eifrige Hilfskräfte anfingen, ihn kistenweise zu entladen.

„Ach, wie süß", fand Hubsi. „Aber ich mag nun mal keinen Zukker."

Was sie natürlich nicht wissen konnten, war die besondere Bewandtnis dieses Zuckers.

Wer einen luxuriösen Selbstmord vorhat, überlegt sich auch normalerweise das Verfahren. Ertrinken ist nicht unbedingt eine angenehme Art, sich ums Leben zu bringen. Von Nichtschwimmern wird sie zwar trotzdem manchmal angewandt, weil sie in solchen Fällen einigermaßen sicher ist, aber unter den lebenserfahrenen Mitreisenden dieses Unternehmens war auch sicher so manche sportliche Natur, die unwillkürlich im Wasser ins tätige Schwimmen gerät und gar nicht mehr weiß, wie man untergeht. Noch dazu pflegt das Wasser im Nordatlantik im Frühjahr unangenehm kalt zu sein, und der verwöhnte Selbstmörder möchte doch behaglich untergehen.

Darum war Fitzgerald McDowell-Ismay auf den Gedanken der Zyankali-Zuckerwürfel verfallen. Zu einem genau berechneten Zeitpunkt, wenn das Wasser in die dann waagerechte Empfangshalle fluten und die Füße der Reisenden naßmachen sollte, war vorgesehen, ihnen den letzten Kaffee aufzutragen. Das Wasser in der Halle und die leichte Unbehaglichkeit des feuchten Fußbodens gehörten zur Schauwirkung des Unternehmens; sie mußten in Kauf genommen werden. Zum Kaffee sollten die Stewards hübsch verpackte Zuckerwürfel reichen, die mit Kalium-Zyanid versetzt waren und den Reisenden einen sanften Untergang verschaffen sollten. Zu den schnulzigen Klängen der Bordmusik sollten sie dann als letzten Einruck miterleben, wie von allen Seiten das Wasser in die Halle einströmte, während ihnen der Kaffee den Atem raubte.

Das Programm für diese letzten Augenblicke war genau durchgestaltet und bis ins einzelne geprobt; das Märchen überliefert, daß die Bordkapelle zum Schluß einen Choral mit dem Titel „Näher, mein Gott, zu dir", gespielt haben soll; als Tatsache verbürgt ist ein Unterhaltungslied namens „Autumn"; also „Herbst", sehr sinnig zu einem Untergang im April. Um alle zufriedenzustellen, hatte McDowell-Ismay verfügt, daß erst „Autumn" und dann der Choral zu spielen sei: Dabei war nicht erforderlich, das geistliche Stück zu Ende zu bringen. Zum Herbst wurde der Kaffee mit den Zuckerwürfeln ausgegeben, und die Musiker sollten genau so lange spielen, wie sich noch Leben im Saal regte.

Danach blieb noch Zeit, daß die Besatzung sich eine Ebene weiter ins Hecktreppenhaus der Mannschaft flüchten konnte. Dort gab es in der höheren Lage den Kaffee für die Mitarbeiter, die hier noch Zeit genug dafür haben sollten.

Die Bestellung des Zuckers war etwas umständlich geworden. Die Firma, die den Auftrag übernahm, war nicht gewöhnt, in ihre Erzeugnisse Gift zu mischen. Die Verwaltung dieser Sonderlieferung und ihre sorgfältige Trennung vom übrigen Betriebsablauf war aufwendig, und außerdem mußten die Würfelchen noch nach der Bestellung in ein besonderes Papier mit dem Zeichen der Reederei verpackt werden. Dieses Black-Star-Papier wurde eifersüchtig überwacht; dadurch, daß die Packungen untergehen sollten, war zu erwarten, daß kaum etwas übrigblieb, und eine ganz kleine, abgezählte Menge davon samt giftigem Inhalt wollte McDowell-Ismay zurückhalten, um sie auf Versteigerungen nach der Jubiläumsfeier zu irrwitzigen Preisen zugunsten der Firma zu verkaufen. Die Abfolge der damit verbundenen schwierigen Organisation verzögerte sich, und daher kam es, daß die Ladung mit Zuckerwürfeln der besonderen Art, nicht aber die für den allgemeinen Gebrauch an Bord erst im letzten Augenblick angeliefert werden konnte. Aber immerhin, das süße Gift war noch rechtzeitig verfügbar.

*

Die erste Zeit verbrachte das Pärchen damit, sich zurechtzufinden und einzuleben. Der Weg zur Suite, nicht etwa einer schnöden Kabine, war eine erste betäubende Erfahrung von erdrückendem Luxus. Sie hatten eine breite Glaswand zur See; ein Schiff, das nur ein einziges Mal fährt und dabei in kalten Zonen bleibt, braucht natürlich keine Balkons. Die Fensterbänder der Wohndecks bildeten rundum eine zebrahafte Streifung, die an Hubsis Modefrisur mit ihren Schwarz-Weiß-Strähnen erinnerte. Die Erbtante war wirklich reich gewesen; ein Wohnsalon, ein Schlafzimmer und ein überüppig eingerichtetes Bad empfingen sie für die wenigen Tage. Daß alles billiges Talmi zur alsbaldigen Versenkung war, sah man den Sachen nicht an. Das wäre frühestens nach etwa zwei Wochen so weit gewesen, aber da sollten es nur noch die Tiefseefische bemerken.

Die Aufzüge glänzten und waren mit gut gemachten Kunstnachahmungen behängt. In den Gesellschaftsräumen schluckten dicke Teppiche die Schritte, und die Möbel vermittelten den Eindruck, daß irgendwo im Hintergrund eine sehr reiche Großmutter schlief und die Enkel sich deshalb besonders leise bewegen mußten. In den Sesseln versank man so tief, daß man nicht leicht wieder herauskam. Überall huschten diensteifrige Stewards umher und versuchten, einem Wünsche von den Augen abzulesen, die man noch gar nicht hatte. Man konnte anfangen sich hinzusetzen, und bis man unten ankam, hatte einem sicher schon jemand eine stützende Gelegenheit untergeschoben. Alles spiegelte, glänzte und schien, vor allem das letzte. Das potemkinsche Schiff sah außerordentlich teuer aus. Aggi, die noch nie eine solche Anhäufung von äußerlichem Luxus gesehen hatte, war in der Auswahl ihrer Garderobe geschickt gewesen; sie trug einen enganliegenden Hosenanzug mit der Abbildung ihrer körperlichen Besonderheiten in auffallend gelungener Gänsehaut-Imitation. Da es warm in den Innenräumen war, konnte niemand glauben, es sei ihre eigene Körperoberfläche, und daher war sie gesellschaftlich sehr anspruchsvoll gekleidet. Dazu trug sie eine senkrechte Korkenzieher-Frisur, die viel Mühe gekostet hatte und beim Durchgang durch jede Tür in Gefahr geriet. Aber sie ersparte ihr wenigstens das ewige Kopftuch, das inzwischen wirklich keiner mehr sehen konnte. Hubsi sah auch nicht gerade ärmlich aus: seine verwaschenen Jeans hatten gut verteilte, sorgsam ausgefranste Löcher und einseitig ein unter dem Knie abgeschnittenes Hosenbein, und zur Smokingjacke trug er ein Netzhemd mit hand-aufgemalter Fliege. Was zieht man schließlich an zu Schiffsuntergängen? Benjamin Guggenheim an Bord der Titanic hatte natürlich Maßstäbe für Veranstaltungen dieser Art gesetzt.

„Altersdurchschnitt fünfundachtzig", nörgelte Hubsi. „Bei solchen Leuten wird es sicher nichts mit den Geschäftsbeziehungen." Aggi sah sich um. Es stimmte leider; ein paar Fahrgäste mittleren Alters standen zwar etwas verloren herum, aber sie beide waren weit und breit die Jüngsten. Kinder kamen überhaupt nicht vor. In dieser Preisklasse waren Seereisen anscheinend immer noch eine Angelegenheit des Greisenalters.

Nachdem beide durch alle Gesellschaftsräume gestreunt waren, setzten sie sich an eine Bar, die zwischen dem Empfangsschacht, also der späteren Untergangshalle, und dem größten Saal einen Überblick verschaffte. In der Halle rauschten sinnigerweise Wasserfälle, und eine Skulptur stellte verfremdet das hochragende Heck der sinkenden Titanic dar.

Der Barmensch bediente sie wortarm und ohne jegliche Anspielung in irgendeine Richtung, aber sah sie beide immer wieder verwundert an.

Die Reise begann fast geräuschlos, und die wenigen Tage lang lernten Aggi und Hubsi in gedrängter Form die Liturgie einer klassischen Seereise kennen. Beim Cocktailempfang des Kapitäns, wo jeder dem Lenker des Gefährts persönlich die Hand drückte, begrüßte der Hochstapler Seyffharrdth seine Gäste zu diesem „unwiederbringlichen, ganz und gar einmaligen Erlebnis". Die beiden viel zu jungen Fahrgäste bezogen die Bemerkung auf die Tatsache, daß schließlich jedes Schiff nur eine einzige Jungfernfahrt machen kann.

„Der ist nicht jünger als seine Passagiere", sagte Hubsi über den Kapitän.

Und dann mischten sie sich unter das greise Volk.

Was sie nicht wußten: Ganz ohne jede Verabredung gab es eine ungeschriebene Regel an Bord, daß man über den Sinn und Endzweck dieser Reise nicht redete. Die paar Tage lang bis zum Untergang lebte man in einer gespielten Welt; gleichgültig, ob man pleite war, unheilbar krank, anderweitig jeder Erfahrung überdrüssig, solange das Schiff reiste, weilte man hier und jetzt in der Vorstellung, dies sei für immer, und ließ es zumindest dafür gelten. Man sprach auch nicht über die Gründe, die man hatte; die Erwägungen, warum man hier mitreiste, hatte man an Land zurückgelassen, man sollte sie nie wieder antreffen, und die Selbstversenkung wartete als gespielte Überraschung wie das unverhoffte Ende der Titanic. Alle verdeckten Anmerkungen, auf die Hubsi und Aggi trotzdem stießen, werteten sie als Schrulligkeiten sehr alter, sehr reicher Leute. Daß alte Menschen mit Hinweisen auf den geringen Rest ihres Lebens Komplimente über ihre Jugendlichkeit zu fischen versuchen, ist häufiger Brauch.

So verstanden sie auch die forschenden Fragen der fast hundertjährigen Dame an ihrem Tisch im Restaurant, die doch immer wieder darauf zurückkommen mußte, warum so junge Leute wie sie auf diesem Schiff mitreisten.

„Wir haben die Reise geerbt", erklärte Aggi.

„Geerbt. Soso – na ja, man sagt ja, daß die Anlage auch erblich sein soll."

„Hätte es denn nicht noch einen anderen Weg gegeben?" erkundigte sich vorsichtig ein gepflegter Herr an einer der Bars.

Hubsi erläuterte: „Mit dem Flugzeug ist es doch nichts Besonderes."

„Wenn Sie also schon meinen, es müßte unbedingt sein... Aber so ein Absturz geht doch sehr schnell. Natürlich; er ist nicht so stilvoll. Und man weiß ja nie vorher, außer man hat seine eigene Bombe dabei." Kopfschüttelnd und ahnungslos ordneten sie ihn als lieben, verkalkten Spinner ein.

*

Daß ihr Schiff sich vorwärts bewegte, war nur zu bemerken, wenn man aus dem Fenster sah. Das Leben spielte sich innen ab, wie üblich weit entfernt von der ozeanischen Wirklichkeit draußen. Aus Höflichkeit sah man aus dem Fenster, als die Gigantic Cherbourg anlief; an sich wäre dieses Manöver überflüssig gewesen, denn wer immer konnte, wollte die ganze Reise mitmachen und hatte sich dafür auch einen Umweg nach Southampton geleistet, so daß hier kaum mehr jemand zustieg. Aber die Titanic war über Frankreich gefahren, und also mußte es sein.

Die Stadt begrüßte das wieder größte Schiff der Welt mit einem noch größeren Feuerwerk gebührlich. Ein paar Honoratioren kamen an Bord, es gab einen äußerst langweiligen Empfang mit öden Ansprachen, und nur wenige Fahrgäste kamen neu dazu. Die Liegezeit machte mehr nicht möglich, denn der alte Fahrplan der Titanic galt eisern.

Die örtlichen Politiker waren darüber froh; welche Festrede hält man einer Runde von Selbstmördern, die niemand wiedersehen soll? Was wünscht man ihnen; einen fröhlichen Untergang?

An Bord blieb zum Glück nur eine gute Stunde Zeit für Auftritte landfester Gäste. Als Rahmenprogramm hatte man eine unangenehme Mischung aus Gedenken und lustiger Unterhaltung versucht, was alles nicht zusammenpaßte. Witze zu dieser Fahrt wirkten peinlich. Zwei Lokalpolitiker hoher Ränge auf verschiedenen Ebenen hielten dazwischen jeweils eine Ansprache. Aggi und Hubsi fanden die Veranstaltung bald mißlungen und verzogen sich in eine nahegelegene Bar. Dadurch ersparten sie sich die verlegenen Reden. Der erste Sprecher fand vor lauter „äh"-artigen Lauten seiner französischen Muttersprache kaum Worte mit Inhalt, und der zweite stammelte in akzentschwerem Englisch einigen Unsinn über „ehrendes Andenken", „Höhepunkt im Leben", „letzte Reise" und sogar „weihevollen Untergang" der „entschlossenen Fahrgäste", die „ein Denkmal setzen wollten", und am Ende verstieg er sich zu der Wendung „der Geschichte das höchste Opfer bringen". Alles, was noch im Saal war, hüstelte unangenehm berührt, und die Beteiligten waren froh, als ihre Übung höflich erledigt war. Aber die Zuschauerschaft hatte Mitleid mit den armen Männern, die ja schließlich von Amts wegen irgend etwas hatten sagen müssen.

Die beiden in der Bar hatten nichts mitbekommen und mußten darum nicht nachdenken, was es bedeuten konnte. Die wenigen fleißigen Gäste, die bis zum Schluß der Pflichtschau beigewohnt hatten, wirkten äußerst schlecht gelaunt, und das genügte, um sie nicht zu fragen. Lieber brachte man sich mit gutem Trinkstoff wieder in Laune.

Einer der Höhepunkte schlechthin auf dieser Reise war natürlich die Welt-Uraufführung des Musicals „Titanic" von Antony Floyd-Kleber, die von der Schiffsbühne live in die Fernsehsender aller Kontinente übertragen wurde. Selbstverständlich gab es an Bord der Gigantic auch ein ungeheuer riesiges Theater, eigentlich nur für diesen einen Zweck. Es war ein Opfer, das Datum der Premiere ein paar Tage früher zu legen als das eigentliche Jubiläum, aber aus technischen Gründen unvermeidbar. Die Künstler waren alle gut im Geschäft, gehörten zu den besten der Welt und wollten weiterleben; sie standen nur an diesem einen Abend zur Verfügung. Später hätten sie nicht mehr aussteigen können.

Einige Kurzstreckengäste gingen mit ihnen in Cobh in Südirland von Bord der Gigantic, ganz wie beim Vorbild, als es noch diese Gelegenheit gab, die Titanic lebend zu verlassen. Der Ort hieß damals Queenstown; niemand jenseits seiner engeren Umgebung kennt ihn heute mehr, aber für die Geschichte war er natürlich unentbehrlich.

Diese flüchtigen Reisenden hatten sich nur für die Teilstrecke eingekauft, und der Abschnitt vorher gab die Gelegenheit, daß vor allem Presseleute das Schiff in Fahrt bewundern und darüber berichten konnten, bevor das große Untergangstheater im Atlantik veranstaltet wurde. Und auf die freiwerdenden Plätze drängten natürlich sofort echte Untergangs-Anwärter nach.

Cobh hatte nicht die Bedeutung, große Führungskräfte aufbieten zu können, und also schickte Irland stattdessen einen äußerst albernen Komiker an Bord, der sich in einer gewollt geschmacklosen Vorstellung geschickt plump über sämtliche Gesichtspunkte von Schiffsuntergängen verausgabte und sich über alle Gewohnheiten des Anstands lustig machte. Aus lauter Angst davor, zu weit zu gehen, übertrieb er es eine volle Stunde lang mehr und mehr, und am Ende bekam er einen schiffeversenkenden Applaus. Er trieb mit Entsetzen Scherz, und allen gefiel es.

Alle festländischen Zeitungen berichteten über die Zwischenlandungen; Aggi und Hubsi erfuhren nichts davon. Und ihre beiderseitigen Eltern waren keine Zeitungsleser, so daß sie nichts merkten und keine Gelegenheit bekamen, verzweifelte Telegramme hinterherzuschicken.

*

Sie lernten bald, daß es für diese Leute keine Zukunft gab. Ob das immer so war, wenn alte Menschen unter sich verkehrten? Als sie den auch nicht gerade jugendlichen Steward im Speisesaal fragten, wohin denn die Reise nach dieser Fahrt gehen solle, sah er sie verständnislos an, dann zeigte er erst nach oben und dann nach unten und sagte: „Das weiß ich doch auch erst, wenn ich angekommen bin, genauso wie Sie." Und als Aggi einer älteren Dame von weiteren Reiseplänen erzählte, wußte die als Antwort: „Ach, Sie glauben auch an Seelenwanderung? Na, wie gut für Sie." Und dann berichtete sie von ihren Absichten, beim nächsten Mal alles ganz anders zu machen.

Und weiterhin fotografierte niemand, auch Videokameras gab es nicht. Andererseits hatten die alten Leute güterwagenweise früher aufgenommene Bilder dabei und breiteten voreinander mit großer Vorliebe gerade die länger zurückliegende Vergangenheit aus. Alte Leute leben bekanntlich gern in der Vorgeschichte.

Einmal am Abend riß Aggi plötzlich die Augen weit auf und jauchzte: „Das ist doch – nein! Das ist wirklich und ganz lebendig Lucy Jordan!" Und sie rannte quer durch den Saal hin und bat ganz unhöflich zudringlich um ein Autogramm.

„Wozu denn noch?" fragte Lucy mit müdem Blick aus welken Augen.

„Was heißt – noch? Ich bin ein glühender Fan von Ihnen. Jeder Tag, an dem ich eine persönliche Erinnerung an Sie habe, ist ein gewonnener Tag."

Lucy sah sie fast mitleidig an, dann schrieb sie mit zitternden Fingern auf einen Zettel ihren Namen. „Na, dann werden Sie noch froh damit. Danke, mein Kind, daß sich jemand an mich erinnert." Aber es war ihr merklich lästig. Aggi entschuldigte sich betroffen und kehrte mit ihrer Trophäe zum Heimattisch zurück.

Aggi und Hubsi konnten in diesen wenigen Tagen keine wirklichen Bekanntschaften schließen; auf einem so großen Schiff läßt sich nur streunen und streuen. Aber es hat auch Vorteile, wenn man sich nicht näher kennt. Das lernte besonders Hubsi bald verstehen.

In diesen Kreisen galt Geld anscheinend überhaupt nichts. Die Passagiere verteilten ihre Trinkgelder an die Besatzung in Summen, die den sofortigen Kauf eines Neuwagens oder einer Zweitwohnung erlaubt hätten, und die Bediensteten nahmen nur widerstrebend an, oder die Bündel dicker Scheine blieben unbeachtet auf den Tischen liegen. Aus Verlegenheit und weil es eben doch unordentlich aussah, stellte Hubsi hin und wieder solche Stapel sicher. Anscheinend wollte sie ja sonst niemand haben. Im Bordkasino setzten die Greise bedenkenlos Millionen und verzogen keine Miene, wenn sie sie verloren. „Bis zum Ende der Reise reicht es ja noch", bemerkte eine Dame vom Erscheinungsbild einer Konzernbesitzerin. Dagegen gewann Aggi am laufenden Band zu ihrem eigenen Erstaunen und, angesichts der unglaublichen Summen, ihrer wachsenden Beklemmung.

Irgendwann entschlüpfte Hubsi eine Bemerkung über „einmal im Leben wirklich reich sein", was man ja unter so wohlhabenden Menschen nicht sagen sollte, und die nahmen es auch offensichtlich als Scherz; wer hier mitfuhr, hatte es ja nicht nötig.

„Ja, wenn das so ischt", tönte ein Mitfahrgast auf Schwyzer-dütsch und steckte Hubsi eine fette Faustvoll Tausend-Franken-Scheine zu. Und die anderen fanden es schrecklich lustig, diesen Witz mitzumachen, und deckten ihn ebenfalls mit Geldpaketen ein. „Nach uns die Sintflut", sagte einer dazu und bewegte sich hart am Rand des Tabus. Sie glaubten wohl alle, Hubsi sei ein Pleitekünstler und hier aus Verzweiflung; die zusätzlichen Schulden aus einer solchen Reise machen auch nichts mehr aus, wenn nur noch Erben sie bezahlen müssen. Angeblich seien Leute mit Geld doch geizig, hieß es immer. Vielleicht nicht, wenn sie mit ihresgleichen umgingen? Aggi hatte ihre Erbtante in Spendierlaune nur innerhalb der Familie erlebt. Aber man konnte ja immer noch dazulernen.

Im gesellschaftlichen Rahmen waren diese Leute ungemein ausgelassen und lustig. Das Pärchen wunderte sich, daß kaum jemand irgendeine Rücksicht auf gesundheitliche Erfordernisse nahm. Sie aßen viel und fett, manche rauchten, kaum jemand hielt sich beim Alkohol zurück; die gewohnte Sucht der Alten nach medizinischer Beschäftigung und der übliche Lieblingsgesprächsgegenstand der wahren Erotik des Alters kamen überhaupt nicht vor. Stattdessen strebten diese späten Jugendlichen danach, noch neue Liebschaften anzuzetteln, und das offenbar reichlich wahllos. Und ganz gegen die angeblich üblichen Gewohnheiten nahm auch die Besatzung daran lebhaft teil. Niemand verheimlichte irgend etwas, und auch an jeglicher Art eines guten Rufes schien keinem Menschen etwas gelegen zu sein. Vielleicht war das ja wirklich in reichen Kreisen so üblich? Vom Hochadel weiß man es ja allgemein.

Die alten Leute tanzten bis zwei Uhr früh wie Leistungssportler, manch einer wankte zwischendurch mit letzter Kraft in irgendeinen Sessel und nahm Stärkungstropfen oder aus einer tragbaren

Gasflasche aus vorsorglichem Schiffsbestand eine Sauerstoffdusche, und dann forderte er doch wieder die letzten Kräfte heraus und feierte weiter. Man sah fröhliche Gestalten heiter angetrunken in den Morgen wanken, und nachdem sich die Senioren den Blick verschleiert gezecht hatten, hielten sie untereinander Händchen und turtelten ohne die gelernte Scham ihrer Lebensstufe. Menschen in biblisch würdigem Alter sah und hörte man albern wie Schüler, und am Ende kroch auch manch einer auf allen Vieren auf dem Boden herum und schien sich trotzdem wohlzufühlen. Die Stewards schleppten selig betrunkene Fahrgäste im Sanitätergriff in die Kabinen, und am nächsten Tag waren alle wieder da und so fröhlich wie vorher, sobald sie sich nur den Kopf wieder klargetrunken hatten. Zwischendurch gab es etliche Schwächeanfälle, aber kein einziger fiel wirklich um. Und mit den Tagen hielten alle immer besser durch; man übte sich allgemein.

Auch der Kabinensteward der beiden war eine denkwürdige Erscheinung. Eigentlich hätte zumindest Aggi angenommen, daß solche Leute allgemein aus dem Hotelfach stammen und ihre Vorbildung von dort beziehen. Aber Henry hatte noch nicht einmal Hemmungen, seine ganz andersartige Laufbahn zu erzählen. Er sei Beamter im Strafvollzug gewesen, berichtete er, also volkstümlich gesagt Gefängnisaufseher. Aber gerade ihm waren immerzu die Gefangenen davongerannt. Irgendwie hatten sie es wörtlich laufend fertiggebracht, ihn bei irgendwelchen Schlampereien zu erwischen, die sie für sich nutzen konnten. Er habe schließlich die Arbeit aufgegeben, weil er sich als vollständiger Versager gefühlt habe. „Aber Sie hier können mir ja nicht weglaufen", sagte er freundlich. Außerdem wollte auch Henry überhaupt kein Trinkgeld, was auf Schiffen der klassischen Art immerhin als ungewöhnlich gilt.

Aggi konnte froh sein; trotz des hohen Lebensalters tanzten die Fahrgäste gern. Hubsi schätzte diesen Sport nicht so sehr, ganz wie viele Männer. Aber es gab trotzdem Gelegenheit genug. Die Modetänze der Zeit, Reigen, Menuett und indianischer Kiegstanz, waren zum Glück auch für gesetzte Altersgruppen zu bewältigen. Die Diskotheken-Tanzmusik hatte sich schließlich überlebt, indem sie sich selbst bis zum absurden Punkt überholt hatte. Nachdem die damalige Techno-Musik ihr natürliches Ende gefunden hatte, indem eine Truppe von Studiotechnikern mit viel Erfolg eine Platte herausbrachte, die jeweils drei bis fünf Minuten lange Mitschnitte von verschiedenen, unter Vollast schön rund laufenden Schiffsdieselmaschinen enthielt, ging man auf Kreuzfahrtschiffen dazu über, statt der Diskothek einfach eine nicht schallisolierte Tanzfläche über dem Maschinenraum einzubauen, und das Geschäft mit richtig gespielter Musik brach zwangsläufig zusammen. Auf dem Land traf die bäuerliche Jugend sich in Nachbars Scheune, und man ließ Opas alten Trecker mit Einzylinder-Motor zum Tanz laufen; die Diskotheken hungerten aus. Jetzt versuchte man es wieder mit Klängen, denen der Mensch auch noch zuhören kann. Und dazu tanzte Aggi nun mit gefährlich lüsternen alten Knackern.

Einer von ihnen murmelte ihr bald einen merkwürdigen Vorschlag ins Ohr: „Weißt du was, ich ändere mein Testament und bestelle dir einen Hubschrauber."

„Wozu denn das?"

„Damit du hier rauskommst und dir ein langes, schönes Leben machen kannst."

Sie verstand natürlich gar nichts. „Aber ich bin doch gerade an Bord gekommen, um mir ein schönes Leben zu machen", sagte sie sehr fröhlich.

Er sah sie mit einem tiefen Rätsel im Gesicht an und verstand anscheinend noch weniger als sie. „Na gut, du mußt es wissen. Schöne – ... Seefahrt wünsche ich noch." Und gedrückt schlurfte er davon. Was habe ich da nur falsch gemacht, grübelte Aggi, aber nur bis zum nächsten Tänzer.

Hubsi fand in diesen Tagen aber eine neue Beschäftigung. Zufällig hörte er einem Gespräch zu, als er weniger zufällig an einer Bar saß und genoß, was ihm hier geboten war. Auf der Gigantic war alles inbegriffen; er durfte sich unbestraft verwöhnen lassen, und für solche Angebote war er begabt. Überhaupt hatte man hier Geld, brauchte es aber nie. Es war eine rätselhafte Welt.

Die Herren neben ihm unterhielten sich mit allen Gebärden und Lauten kindlicher Heiterkeit über sämtliche Abarten von Steuerhinterziehung, Erschleichung von Zuschüssen, geheime Konten, deren Nummern, nannten sie, sprachen Passwörter aus und fanden grenzenlos komisch, welche Geheimnisse sie in die Welt hinausplauderten.

Besonders klug war Hubsi nie gewesen, aber er wußte doch, was ein Geschäft ist. Und er hatte ein einigermaßen gutes Gedächtnis. Langsam trank er seine edle handgeschüttelte Mischung aus und lauschte. Dann ging er unauffällig in die Suite und schrieb schnell auf, was er gehört hatte. Was immer er damit machen wollte, auf jeden Fall mußte er es aufbewahren.

Mit geweckter Neugier schlich er ab nun durch die Säle und umstrich die Bars, bis er lachende Menschen geschniegelten Auftretens fand; sie verrieten regelmäßig Geschäftsgeheimnisse und hielten das für ungemein lustig.

„Verstehst du das?" fragte er Aggi.

„Nein; muß ich das? Aber darauf kommt's doch nicht an. Mach was draus!"

„Aber was?"

„Na, muß man dir das wirklich erst erzählen? Du willst doch Geschäftsmann sein." Immerhin hatte er bisher schon einiges darüber gelernt, wie man das Geld nicht bezahlt, das man anderen schuldet; er hatte also eine gewisse Begabung bewiesen.

Aber damit hatte Hubsi Hausaufgaben. Was fängt man mit solchen Geheimnissen an? Er blieb brav und sammelte weiter. Und in fortgeschrittenen Barstunden wurde er sogar frecher und sprach manche Mittrinker unverstellt an. Es war gar nicht so einfach, denn muttersprachliche Angelsachsen verstanden das Future German durchaus nicht. Das hier waren alles Menschen aus besseren Kreisen, die meisten gebildet, die anderen taten um so mehr, als seien sie es. Also kramte Hubsi mühsam sein klassisches Schulenglisch aus: „Haben Sie auch Schwarzkonten?"

Dann händigte ihm ein solcher reicher Greis auch durchaus einmal eine Karte aus, auf der er seine intimsten Angaben handschriftlich verewigt hatte, und lachte sich noch krummer darüber, als er schon war.

„Sind Sie etwa Steuerfahnder?" fragte ihn einmal jemand und lachte unaufhaltsam weiter, bis er blau im Gesicht anlief. Und darauf protzte er ihm ausführlich seine sämtlichen Sünden vor. „Darauf wären Sie nie gekommen, was?"

Vom Nebentisch sah ein anderer Fahrgast munter herüber. „Aber ich bin Steuerfahnder. Und solche Leute wie Sie habe ich nie erwischt. Darum bin ich hier." Aber statt daß er ihn nun verhaftete, fanden beide diese Eröffnung nur um so lustiger und konnten sich vor Lachen gar nicht mehr bändigen.

War diesen Leuten denn jede Folge gleichgültig? „Mir scheint, die haben alle schon zu lange gelebt", erklärte er Aggi. „Die kommen sich nur noch überflüssig vor. Ich glaube, denen täte man einen Gefallen, wenn man sie alle anständig ums Leben bringen könnte."

Aggi dachte nach. „Wenn man ihnen das richtig verkauft; wer weiß? Die meinen ja wohl wirklich, auf ihre alten Tage hätten sie nichts mehr zu verlieren."

*

Auf der Brücke und unter Deck hatte man schnell neue Sorgen. Die Maschinen liefen, wenn auch unruhig und stotternd. Gelegentlich fiel eine aus und mußte wieder instandgesetzt werden, aber damit hatte man gerechnet und genug von ihnen eingebaut.

Aber die ausgeschlagenen Zylinder und abgefahrenen, undichten Ventile ließen die alten Geräte rappeln und klappern. Vorsichtshalber waren sie gleich auf dicken Gummipolstern eingebaut worden, schwimmend in rundum abgekapselten Räumen, weil man das ja erwartet hatte und den Fahrgästen solches Gerüttel auf diesem Luxusschiff ersparen mußte. Für das wenige Maschinenpersonal, das man in Zeiten der Vollautomatisierung noch brauchte, war es eine ewige Rückenmassage, und jeder hielt sich nur so lange in den eigentlichen Maschinenräumen auf, wie es unbedingt nötig war. Große Frachtschiffe wurden inzwischen mit sechs Leuten gefahren: einem für jede Wache, einem Springer, falls jemand krank wurde, und einem Arzt. Den Koch ersetzte längst die Mikrowelle. Die Gigantic brauchte aber eine große Schar lebensmüder Mechaniker, um ihren Motorenpark über die fünf Tage am Laufen zu erhalten.

Außerdem knirschte es in sämtlichen Spanten, und die drei Rümpfe krümmten und bogen sich nach allen Seiten. Und damit hatten die Mechaniker nun mehr Arbeit, als jedes Gesetz an Land ihnen jemals zugestanden hätte. Sie konnten endlich im Leben das Gefühl haben, wirklich gebraucht zu werden, und einen Sinn in ihrem Dasein finden. Viel Rohstoff für Reparaturen hatte man nicht vorgesehen, weil die Reederei nur mit der Möglichkeit kleinerer Schäden gerechnet hatte. Also mußte man sich viel einfallen lassen. In der Strömung der Marschfahrt verzog sich die Außenhaut an allen möglichen Stellen. Spanten mußten verstärkt werden, die Rumpfplatten brauchten zusätzliche Schweißpunkte, um sie in Form zu halten, denn ein schiefes Schiff wird langsamer, und mit den wenigen immer zugleich arbeitenden Motoren war es schwierig, die geforderte Geschwindigkeit zu wahren. Lueggi mußte vorsorglich vor der Zeit fahren; unter allen Umständen war der Fahrplan einzuhalten, denn davon hing das Jubiläum und der ganze Sinn der Reise allein ab.

Darum schufteten unter Deck die Fachkräfte für niedere technische Arbeiten wie Galeerensklaven, nagelten und klebten immer notdürftiger das weiche Schiff zusammen, daß es halbwegs hielt, flickten die Maschinen, schliefen vier Stunden, arbeiteten achtzehn, aßen Stullen aus der Hand während der Arbeit und waren endlich einmal ihres Lebens froh.

Seyffharrdth verstand natürlich nichts von alledem und beschwerte sich daher auch nicht mit Zweifeln; Lueggi allerdings brütete an ehrlichen Sorgen, ob sich dieses frische Wrack wirklich bis zum Ziel bewegen ließ. Immerhin; Wassereinbrüche gab es bisher nicht. Innen blieb alles trocken wie die Wüste, aus der das Patent des Kapitäns stammte. Die Fahrgäste merkten nichts. Alles, was den Komfort sicherte, bewährte sich vollständig. Daß vielleicht von unten Gefahren hervorkrochen, die den ganzen tödlichen Spaß vorzeitig verderben konnten, ahnte niemand und sollte niemand für möglich halten.

*

Unterdessen schlemmten die beiden wie noch nicht bisher in ihrem Leben. Nie vorher hätten sie geahnt, daß man unter reichen Leuten derartig über alle Schnüre haut und alle Gürtel so weit schnallt. Die waren doch alle alt, aber anscheinend war ihnen ihre Gesundheit völlig gleichgültig. Ob sie für ihr vieles Geld so gute Ärzte bezahlen konnten? Oder war Greisen der Rest ihrer Lebenserwartung wirklich nicht mehr wichtig, weil sie schon alles erlebt hatten? Man konnte sie kaum selbst fragen.

Aber sie benahmen sich überzeugend danach. Denn Lemurcq hatte keinen Grund zu den geringsten Hemmungen, in seinem Beruf lüstern zu wüten wie noch nie ein Koch zuvor. Diese Leute wollten nicht mehr als nur noch ein paar Tage leben, das aber grenzenlos genießen. Da gab es keine Überlegung, auf die Gesundheit zu achten, denn was sollten sie damit noch anfangen? Er kochte also wüst wie im alten Rom. Aus ehrwürdigen Kochbüchern der Zeit vor jeder bewußten Ernährung hatte er alles herausgeblättert, was Menschen jemals schmackhaft gefunden hatten, danach eingekauft und richtete dementsprechend an. Es gab fettes Schweinefleisch, überfeine Gerichte ohne Ballaststoffe, Unmengen Kalorien in massenhaft aufgefahrenen Mehlspeisen aus Wiener und böhmischem Erbe, Zuckerberge (noch ohne Zyankali) in den Desserts, dazu jegliche Anwendung von Alkohol, alles, was ein Sünder nur verzehren kann, um sich zu schaden. François hatte sogar ein umfangreiches medizinisches Fachbuch über vorbeugende Diäten bei sich, in dem er ständig nachschlug und aus dem, wovon abgeraten wurde, herrliche neue Rezepte erfand.

Die Krönung von allem sollte aber das sozusagen letzte Abendmahl werden. Dafür hatte er eine Kiste mit an Bord genommen und sie in einer gesonderten Kammer der Kühlräume eingelagert. Er hatte erfahren, daß die schrecklich giftigen Knollenblätterpilze erstens zugleich sehr schmackhaft sein sollen und außerdem nach frühestens vierundzwanzig Stunden wirken, oft auch erst nach der doppelten Zeit. Darin gab es also keine Gefahr mehr für die Sinkgäste, denn das erlebten sie nicht mehr. Und darum hatte er als besondere Krönung seiner Laufbahn eine Reihe erlesener Pilzgerichte vorgesehen, die er am abschließenden Abend auftragen lassen wollte, etwas, das noch nie ein Mensch vorher freiwillig gegessen hatte, und die wirklich erstmalige Leistung eines Kochs. Den Schlüssel für den geheimen Nebenraum für diese Delikatesse verwahrte er selbst, denn er mußte unbedingt verhindern, daß ein ahnungsloser Gehilfe vor der Zeit etwas von diesem gewissen Vorrat entnahm und verwendete. Was es war, wollte er niemandem vorher verraten, und auch auf der Kiste stand nur etwas von „Pilzen". Bis zum entscheidenden Tag aber vergiftete er die Fahrgäste nach allen Regeln der medizinischen Kunst schon voraus durch die gesundheitswidrige Auswahl seiner Speisen.

In Cobh waren alle wirklich guten Künstler von Bord gegangen. Das weitere Unterhaltungsprogramm war eine schwer zu bewältigende Aufgabe gewesen. Echte Künstler, die auf der Höhe ihrer Leistungsgabe lebten, wollten sich nicht umbringen, andere, die es nicht mehr so gut konnten und darüber verzweifelten, waren zwar als Fahrgäste willkommen, aber ihre Auftritte wollte man den zahlenden Selbstmördern nicht zumuten. Jeder weiß, wie peinlich es ist, wenn alternde Darsteller meinen, immer noch auf die Bühne humpeln zu müssen, während sie die Erinnerung an ihre früheren Höhepunkte durch die leibliche Gegenwart doch nur beleidigen. Auch die wenigen Anwärter, die sehr gut, aber todkrank waren, konnten nicht überzeugen, denn man sah ihnen im allgemeinen an, wie es ihnen ging, und damit hätten sie die Stimmung an Bord in den Tagen bis zur gesteuerten Katastrophe zerstört. Man wollte doch bis dahin in Frieden und Freude leben und vor der Zeit nichts vom Tod wissen. Die Reederei hatte gerade für diese Aufgabe besonders viel Diplomatie aufbringen müssen; man hatte es am Ende so geregelt, daß Fahrgäste grundsätzlich an Bord nicht arbeiten durften, auch nicht gegen kostenlose Mitreise, wie sie für Künstler sonst üblich ist. Nur so konnte man ihnen eine aufdringliche Selbstdarstellung höflich verweigern.

Die Reederei behalf sich damit, die besten Künstler weltweit an Land zu verpflichten. In den großen Gesellschaftsräumen und im Theater wurden riesige Video-Bildwände aufgestellt, die mit neuester 3-D-Technik die ausübenden Könner unmittelbar an Bord brachten. Schon lange vorher, bereits Ende des zwanzigsten Jahrhunderts war üblich geworden, bei Konzerten und Vorstellungen vor sehr großem Publikum zusätzlich solche Übertragungsschirme aufzustellen, damals noch mit Flachbild, so daß jeder auch in weiter Entfernung den Künstlern ins Gesicht sehen konnte, denn auf den Bühnen großer Hallen oder Stadien waren aus dem Abstand die Menschen, die sich dort bemühten, nur noch als Püppchen zu sehen. Damit die Rückmeldung vom Beifall des Publikums auf der Gigantic erhalten blieb, traten die Leute in ozeanischer Abgelegenheit doch in Echtzeit auf. Es wurde sehr teuer, denn wirklich nur die allerbesten kamen in Frage, und deshalb war das Unterhaltungsprogramm auf der Gigantic besser als bisher jemals auf irgendeinem Schiff. Es hatte den zusätzlichen Vorteil, daß noch in den hintersten Reihen der Säle jeder die Künstler überlebensgroß sehen konnte.

Später meinten die Betreiber allen weltweiten Schaugeschäftes, diesem Vorbild folgen zu müssen, denn die wirklich lebendigen

Bühnenauftritte waren kein Vergleich mit diesen Begegnungen im Riesenbild bei höchster Tonqualität. Die großen Live-Veranstaltungen starben als Folge der Fahrt der Gigantic endgültig aus. Man traf sich wohl durchaus noch auf freiem Feld zu Zigtausenden, denn das Mitpublikum ließ sich nicht so leicht technisch ersetzen, aber die auftretenden Künstler wurden aus einem Studio höchsten Entwicklungsstandes in weiter Ferne dazugeblendet. Was an lebendiger Aufführung in leiblicher Gegenwart der Darsteller oder Spieler noch blieb, waren kleine Bühnen für höchstens hundert Zuschauer, aber die Eintrittskarten für solche Vorstellungen von Künstlern, die schon Rang und Ruhm erreicht haben, können weltweit nur noch ein paar tausend Anwärter bezahlen, gerade genug, um die kleinen Räume zu füllen.

Dadurch wurde die Gigantic auch der Untergang aufgeführter Kunst vor anwesenden Menschen.

Aber immerhin hatte sich doch eine echte Tanzkapelle aus noch lebenden Musikern mit ausreichendem Können verpflichten lassen, denn ältere Leute, die aus guter Übung noch Tanzmusik ordentlich spielen konnten, hatte man immerhin gefunden. Was an Bord fehlte, waren die herausragenden Solisten. Aber die Schlußmusik zum Untergang mußte nun einmal von wirklichen Menschen gespielt werden, wenn der Schmelz der Veranstaltung gewahrt werden sollte.

Das Essen war also über alle Maßen hervorragend, der Dienst an den Kunden aufmerksam, das Tagesprogramm dicht gefüllt; die Zeit verging, wie Wasser in ein Leck läuft. Aggi und Hubsi kamen kaum zu Atem, und auch die versammelten Lebensjahre um sie herum, schätzungsweise 400.000 allein der Passagiere, führten nicht etwa zu einer gesetzteren Lebensweise, im Gegenteil, alle benahmen sich so, als ob es etwas zu versäumen gäbe.

„Als ob sie wüßten, daß morgen die Welt untergeht", fand Hubsi.

„Wenn die Erbtante das noch erlebt hätte", meinte Aggi dazu in einer Anwandlung gelinde weinerlicher Stimmung. „Das war genau ihr Lebensrhythmus."

Wer konnte ahnen, was sie in vollem Wissen um das Endziel dieses Schiffes veranlaßt hatte, sich hier einzumieten? Nur sie und ihr Hausarzt durften wissen, welche unabänderlichen Verheerungen vielleicht schon in ihr wüteten, die bald einen Genuß ihres weiteren Wandels auf Erden erschwert oder unterbunden hätten, womöglich bei nach Jahren zählender Erwartung weiterer, wertloser Lebenszeit voller Lasten und Leiden; sie konnte es nicht mehr verraten, und ihr Arzt durfte es nicht. Sicher hatte Aggi recht; das hier hätte sie genossen, ganz wie es ihre Art war, wenn nicht ein schnöder Herzinfarkt ihr dazwischengekommen wäre.

*

Hubsi wurde in dieser kurzen Zeit geschickter; er hörte mehr heraus und übte sich ein, wie er fragen konnte. Das war wichtig, denn einige der Leute fanden einen unbändigen Spaß gerade daran zu erzählen, wie sie ihre Reichtümer verloren hatten. Dann hatten sie bei ihren Hinterziehungskünsten Fehler gemacht, und aus denen ließ sich noch viel mehr für das künftige Leben lernen als aus allen Kniffen, die noch unbestraft geblieben waren.

Einer, der sich vor Vergnügen gar nicht halten konnte, erklärte: „Was meinen Sie denn, warum ich hier mitfahre? Die sind hinter mir her, hahaha, alles haben sie gesperrt und beschlagnahmt, aber die werden sich wundern, wenn sie mich kriegen wollen, hihi!" Na ja, ein bißchen verwirrt waren diese alten Leute anscheinend alle, das mußte man auf jeden Fall berücksichtigen, wenn man ihre Weisheiten später ausnutzen wollte.

„Horch die alten Knacker doch auch ein bißchen aus", schlug er Aggi vor.

„Na, was meinst du, was ich die ganze Zeit hier mache?" erklärte sie ihm mit einem ihrer schönsten Augenaufschläge, einem so schönen, daß es schon richtig verdächtig aussah.

„Aber irgendwas ist hier doch rätselhaft", grübelte Hubsi weiter, um sich von seinen zweifelhaften Gefühlen über die Vorgangsweise seiner Gefährtin abzulenken. „Wußtest du, daß alte Menschen so schrullig sind?"

„Na ja, wenn das wirklich so ist, dann soll man ja nicht dumm sein, dann muß man daraus was machen. Du bist doch so schlau; glaubst du nicht, daß man damit Geld holen kann?"

*

Natürlich versuchte Aggi schon lange auf ihren eigenen Wegen, Nutzen aus lüsternen alten Knackern zu ziehen, denn so jung und frisch wie sie war niemand sonst an Bord, und selbstverständlich wußte sie das genau und verstand, was sie daraus machen konnte. Aber sie hatte ihren guten Grund, davon Hubsi nicht zuviel zu erzählen. Sie wollte sich die Freiheit wahren, unbewacht zu entscheiden, wie sie vorging, denn am Ende konnte es ja auch ihr eigenes Vergnügen werden. Sicher war sie nicht dazu gestimmt, sich mit großzügigen Herren bis über eine gewisse Grenze einzulassen, denn sie hatte doch Geschmack, aber es machte Spaß, so rundum begehrt zu sein und alle anderen Frauen der Umgebung auf so großem Abstand auszustechen, und sie ließ sich soweit gern darauf ein, wie es sie zu nichts verpflichtete.

Aber ein Umstand kam zutage, warum sie die verrückte Welt dieses Schiffs bald noch weniger verstand als bisher schon. Während ihrem Hubsi nämlich die bejahrten Herrschaften Bündel von wertvollen Scheinen und Geheimnisse verborgener Kontoführung geradezu aufdrängten, waren sie vor ihr geizig wie ein verschlossener Geldschrank. Sie alle wollten sie betatschen und mit ihr gesehen werden, aber sie bezahlten rein gar nichts dafür. Einladen konnte man auf diesem Schiff nicht, wo es alles umsonst gab; Geld hatten die Kerle alle, sonst wären sie nicht hier gewesen, aber sie gaben es nicht her, nicht einmal für eben jene Schritte sanften Entgegenkommens, die Hubsi besser nicht sehen sollte. Sonst immer und überall bestachen reiche Männer doch gern junge Frauen; die Herren hier wußten natürlich von dieser Sitte und taten es doch nicht. Sie sagten es in rätselhaften Wendungen: „Dir etwas zu schenken hat ja doch keinen Sinn mehr". Sie verstand es zwar nicht, fragte auch noch, aber die Anwärter lachten nur, als habe sie einen wirklich guten Witz gemacht. Das Schiff war für solche Leute vorbereitet: Der Schmuck, den es an Bord zu kaufen gab, war nur billige Täuschung und als solche ohne Zweifel ausgewiesen. Warum nur hatte die Gigantic keinen Juwelierladen mit wirklich guter Ware, wo doch Einkaufen und Geldausgeben auf Seereisen seit langer Zeit ein so wichtiger Teil der Luxusversorgung war?

Und trotzdem schämten sich die älteren Herren durchaus nicht, sich auch ohne Versprechen irgendeiner Gegenleistung an sie heranzudrängen. Anscheinend mußte sie über die wirklich reichen Leute noch viel lernen. Und neben Hubsi geriet sie in ein peinliches Hintertreffen; das kannte sie nicht. Irgendeine Beute mußte sie doch am Ende noch machen, das verlangte ihre Frauenehre; bisher war sie doch immer besser gewesen als er.

Als Geschäftsfrau wurde sie wiederum nicht ernst genommen; Geheimnisse erfuhr sie also auch nicht. Man wollte sie nur als das nette Mäuschen.

Schließlich fand sie doch einen Vorwand, der den alten Männern gefiel und sie endlich überzeugte: Sie erzählte, sie wolle gern ins Kasino, aber sie habe alles Geld schon verspielt. Da endlich gab man ihr die Tausender, aber natürlich zweckgebunden, und die Spender gingen sofort mit, um bei der Verwendung zuzusehen. Ein paar der Scheine setzte sie ein, damit die Herren zufrieden waren, gewann ordentlich, steckte den Rest des Geldes weg, konnte nun aber denselben Leuten nicht mehr erzählen, sie haben keines mehr. Neben ihrem Begleiter war sie immer noch ziemlich ärmlich an Erfolg. Ihr Ehrgeiz kochte weiter.

bedrohlich

Aber die Gigantic war nicht alles; der Auftritt der Diva wäre nutzlos gewesen ohne ein Publikum. Rund um die Bühne, die noch eine unfreundliche leere, graue Wasserfläche war, strebten die Teilnehmer des großen Jahrhundertfestes von allen Seiten aufeinander zu.

Fitzgerald McDowell-Ismay hatte mit viel Geschick und Erfolg die Veröffentlichungsrechte an seiner Versenk-Vorstellung verkauft. Auch das war ein Grund für die Lieferung der „Zucker"-Würfel: Nur wenn die Fahrgäste sich rechtzeitig erfolgreich selbst um ihr Leben gebracht hatten, konnte niemand nach gültigem Recht zur Hilfeleistung verpflichtet werden. Wenn das Schiff unterging, hatte es voraussichtlich keine lebende Seele mehr an Bord, zumindest war das Teil der Abmachung, und alle versammelten Augen- und Kamerazeugen durften seelenruhig

84

zusehen, bis die letzte Blase an der Meeresoberfläche geplatzt war. Sensationskreuzfahrten für Neugierige brachten ein Mehrfaches der Einnahmen für die Passagen auf der Gigantic selbst ein. Natürlich ließ sich auf offener See nicht verhindern, daß sich auch manch ein Schmarotzer mit eigenen Schiffen anhängte und zwischen die Flotte drängte, aber es blieb noch immer genug für die zusätzlichen Schiffe, die die Black Star gechartert hatte. Presse und Fernsehen bekamen eigene Wasserfahrzeuge zur Verfügung. Auch Direktübertragungen von Bord der Gigantic waren vorgesehen; zwar sollte nach Cobh niemand mehr Gelegenheit haben, das Sinkschiff lebend zu betreten oder zu verlassen, aber die Nachrichten konnten noch ungehindert hin und her laufen.

Nur die Natur wollte nicht mitwirken; sie hatte niemand gefragt. In weitem Umkreis vom Versenkungsort gab es in diesem Jahr keine Spur von Eis, keine Scholle und schon gar keinen Berg. Es blieb keine Wahl, als einen von Norden her zum vorgesehenen Unfallort zu schleppen. Zum Glück hatte der Black-Star-Inhaber so etwas vorausgesehen und im voraus zwei große Hochseeschlepper gemietet. Sie schnurrten nun unter voller Drehzahl nordwärts, und vorsorglich holte jeder von beiden einen Eisberg ab. Die gefrorenen Klumpen waren auch nach Gesichtspunkten äußerer Schönheit und Dramatik, nämlich hübsch zerklüftet und gefährlich, vom Hubschrauber aus bestimmt worden und wurden nun kunstgerecht vertäut und in Bewegung gesetzt.

Wie gesagt, war es ein ziemlich mildes Frühjahr. In der gleichen Gegend trieb sich ein Kreuzfahrtschiff aus einer der Konkursmassen herum. Eine Firma hatte es spottgünstig gechartert, um zweitausend Mitarbeitern eine Fortbildungswoche zukommen zu lassen; so war das billiger als in einem Hotel an Land. Man blieb unter sich und schloß sich ausdrücklich von der Außenwelt ab, damit die Arbeitskräfte Kniffe und Gemeinheiten des täglichen

Verkaufslebens ungestört lernen konnten. Nun langsam wandte sich die „Business Queen" wieder westwärts der amerikanischen Küste zu, um die fertig verbildete Verkäuferschar auf unschuldige Landbewohner zu hetzen. Man wußte gar nichts vom laufenden Geschehen, und die große Uraufführung der öffentlichen Versenkung eines großen Schiffes, die ja weltweit angekündigt worden war, sollte bekanntlich um einiges weiter südlich stattfinden. Also fühlte man sich nicht betroffen. Im Funkverkehr meldete sich immer wieder ein „Spezialtransport", aber worum es sich handelte, nämlich um einen nachts naturgegeben dunklen Eisberg, ahnte auf der Brücke der Business Queen niemand, und es hätte auch dann niemanden gekümmert.

Schwach besetzt war der Steuerstand des Lehrgangsschiffes, die drei Offiziere höchstens mittleren Dienstgrades, die die Wache übernommen hatten, faßten ihre Aufgabe leicht auf, und besonders nüchtern waren sie auch nicht, denn das gehörte noch nie zu den Gepflogenheiten der Seefahrt. Auf internationalem Wasser kann niemand Alkoholproben nehmen. Der Kapitän und alle wichtigen Leute lagen längst in ihren Betten, nur ein paar fortgeschrittene Nachtschwärmer hopsten noch auf dem altmodischen Tanzdeckel über dem Maschinenraum zum Dieseltakt herum. Der Autopilot hielt das Schiff auf Kurs, und den Radarschirm beachtete in der klaren Nacht niemand. Ungefähr jede Viertelstunde sah einer der drei Männer kurz nach vorn aus dem Fenster; zwischendurch saßen sie bei einigen Flaschen Bier an einem Tisch in der zweiten Reihe des Ruderhauses und spielten mit ziemlich großer Aufmerksamkeit Karten. Eine zeitgemäße Computer-Vollsteuerung wie selbstverständlich die Gigantic besaß die Business Queen nicht.

Schon seit langem beobachtete man die Lichter eines Schiffs, das gemächlich von steuerbord nach backbord ihren Weg durchkreuzte. Es blieb immer in Bewegung vor dem Hintergrund der Nacht, eine Kollisionsgefahr gab es also nicht. Es hatte Lichter gesetzt, die auf verminderte Manövrierfähigkeit hinwiesen; wahrscheinlich war das der oft zitierte Spezialtransport. „Dekoration für die Seeinszenierung" hieß das in allen Meldungen. Nun gut, man wußte Bescheid, der Transporter kam gut vor ihnen frei, und daß meeresübliche Eisberge unbeleuchtet treiben, machten sich die drei Männer nicht bewußt.

Das rote Positionslicht fuhr gute drei Meilen vor ihnen recht voraus vorbei und verlagerte sich langsam nach backbord. Irgendein Rudermanöver war nicht erforderlich. Die Offiziere beachteten den Vorgang nicht weiter und vergaßen das Schiff, das allmählich nach backbord querab wanderte und dann plötzlich verschwunden war wie von einer Nebelbank verschluckt. Es gab ein rumpelndes und schleifendes Geräusch, die Bierflaschen zitterten, und Wan fiel die Trumpfkarte aus der Hand.

Eine Anmerkung zum Ausdruck: Die Positionsangabe „recht voraus" mußte in diesem Text schon deshalb vorkommen, weil es ein Buch ist. Ihr ist nämlich kein Setzer gewachsen, und das hat sich auch im Computer-Zeitalter nicht geändert. Noch jeder hat ein -s daran gehängt, weil er mit dem Wort so nichts anfangen kann. „Rechts" gibt es aber bekanntlich in der Seefahrt nicht; es heißt „steuerbord". Recht voraus ist soviel wie ganz genau geradeaus vor der Bugspitze, recht wie richtig. Warten wir ab, wie das in der gedruckten Ausgabe dieser Geschichte erscheint. Wenn Setzer mitdenken, ist es immer dann gefährlich, wenn der Text über irgend etwas anderes geht als über Schriftsatz; da kennt sich die Fachkraft natürlich aus und bewältigt auch die übelsten Sonderausdrücke.

„Was war das?" fragte Pitrakoulos. Wan sammelte seine Karte wieder auf und tauschte sie bei der Gelegenheit geschickt und unbemerkt gegen eine noch bessere ein.

„Ach, wird schon nichts gewesen sein", brummte Umbwebwe, und man spielte weiter. Allerdings nicht lange; irgendwo im Schiff rührten sich Menschen, die aufgewacht waren. Ein Matrose stürmte ins Ruderhaus.

„Ein Eisberg – ein Eisberg! Hilfe, wir haben einen Eisberg gerammt!"

„Ach was", brummte Umbwebwe. „Hier gibt's keine Eisberge."

„Aber ja doch! Ich hab's selbst gesehen! Und unten läuft überall das Wasser rein!"

„Hör mal zu", sagte Pitrakoulos im Oberlehrerton, „wenn erfahrene Seeleute wie wir sagen, daß hier keine Eisberge sind, dann sind hier keine Eisberge. Verstehst du das?"

„Ja, aber – wenn doch das Wasser überall reinläuft..."

„Ach, bist du dumm. Wenn es hier keine Eisberge gibt, dann können wir auch keinen gerammt haben. Und wenn wir keinen gerammt haben, kann auch kein Wasser reinlaufen. Das mußt doch sogar du einsehen."

„Hm..." Der Matrose überlegte. Gegen diese Beweiskette hatte er nichts vorzuweisen. Also drang offenbar doch kein Wasser ein, und was immer er sah, war etwas anderes. Zufriedengestellt ging er wieder, und die Offiziere konnten weiter Karten spielen.

Aber nicht lange. Draußen entstand Unruhe, immer mehr Leute, Besatzungsmitglieder wie aufgescheuchte Fahrgäste in Nachtkleidung, erschienen an Deck und drängten auf die Brücke.

„Wir sinken!" behauptete sogar jemand ganz dreist.

„Das kann nicht sein", erklärte dieses Mal Wan.

„Wir haben doch alle gesehen, daß wir mit einem Eisberg zusammengestoßen sind", klang es mehrfach aus dem Stimmengewirr.

Umbwebwe versuchte noch einmal in aller Ruhe, den Laien einfache Tatsachen zu erklären. Wenn Fachleute sagen, daß keine Eisberge in der Nähe sind, dann ist es gleichgültig, was einfache Menschen glauben, gesehen zu haben. Sie irren sich eben schlicht und ergreifend. Das weiß doch jeder.

Inzwischen kam ein tropfnasser Maschinist auf die Brücke gestürmt. „Wassereinbruch im Maschinenraum", meldete er atemlos.

„Aber wenn es nun doch ein Eisberg war?" fragte kleinlaut ein Fahrgast. „Sie sehen doch, daß da Wasser eindringt."

„Wir müssen Rettungsmaßnahmen einleiten", meinte ein besonders vorwitziger anderer Mitreisender. „Halten Sie das Schiff an, setzen Sie die Boote aus, ehe wir alle ertrinken!"

Pitrakoulos übernahm die Sache. „Hören Sie mal, es ist doch noch lange nicht bewiesen, daß wir einen Eisberg gerammt haben. Und wir können doch nicht so einfach auf Verdacht die Fahrt unterbrechen. Wissen Sie, was das kosten würde? Was ist, wenn wir nun gar nicht sinken und völlig umsonst ein umständliches Sicherheitsmanöver anfangen? Was meinen Sie, was uns die Reederei erzählen würde! Wollen *Sie* das vertreten?"

„Aber – aber", stammelte ein maßlos aufgeregter Passagier, „sehen Sie denn nicht, daß das Schiff schon ganz schief liegt?"

Wan übernahm wieder die Belehrung: „Ach wissen Sie, das kann so viele Gründe haben. Bevor wir irgend etwas dazu sagen, müssen wir die Lage erst in aller Ruhe untersuchen. Morgen bei Tag werden wir eine Gruppe von Technikern einsetzen, die sich die Sache mal ansehen. Dann wissen wir mehr, und wenn es nötig ist, werden wir die geeigneten Entscheidungen treffen. Und jetzt gehen Sie ohne Aufregung erst mal wieder schlafen. Sie sind bei uns in guten Händen."

Einer konnte sich gar nicht erst beruhigen: „Was – in guten Händen? Haben Sie schon mal was davon gehört, daß Sicherheit vorgeht? Müssen wir als Beweis erst alle abgesoffen sein, damit Sie es glauben? Tun Sie endlich was!"

Umbwebwe wurde jetzt ernstlich ungehalten: „Lassen Sie bitte Ihre unverantwortliche Panikmache! Sie gefährden ja erst richtig die Passagiere. Was meinen Sie, was die alles tun, wenn erst alle Angst bekommen. Und dafür werden Sie verantwortlich sein. Wichtig für unsere Sicherheit ist jetzt vor allem, daß Sie alle Ruhe bewahren."

Wan hatte im Hintergrund vorsichtshalber im Seefahrtshandbuch geblättert. Nun erklärte er ganz ruhig: „Sie verstehen das völlig falsch, ‚Sicherheit zuerst'. Das heißt selbstverständlich, daß man zuerst einmal ganz sicher sein muß. Also muß man erst einmal ganz sicher sein, daß wirklich eine Gefahr besteht. Das ist überall so, in der Politik, im Umweltschutz, in der Technik. Das ganze Leben ist gefährlich. Was meinen Sie, wohin das führen müßte, wenn man bei jedem Verdacht, daß irgendwas nicht stimmt, gleich anfängt, alles stillzulegen? Bitte sehr, beweisen Sie schlüssig, daß wir einen Eisberg gerammt haben und sinken, dann können wir weiter darüber reden."

Und damit zogen sie sich ins Innere des Ruderhauses zurück. Die Business Queen lag sehr schräg im Wasser, und von irgendwo her war ein kräftiges schlürfendes Geräusch zu hören. „Ein Eisberg!" murmelte Umbwebwe kopfschüttelnd. „Also nein, wirklich! Was sich diese Fahrgäste nur immer einbilden."

Alberto Dormioso, der Kapitän, war auf der Brücke erschienen. Er erinnerte äußerlich etwas an einen anderen Albert, nämlich Einstein, und mit einem Wissenschaftler teilte er seine Neigung zur Zerstreutheit. Er ließ sich kurz unterrichten.

„Na ja, dann erklären wir es den Leuten eben noch mal", sagte er.

Mittlerweile trafen verschiedene Maschinisten und der Leitende Ingenieur ein und berichteten, daß die Maschine inzwischen ertrunken sei. Man liege still.

„Hm – irgend etwas stimmt also da offenbar wirklich nicht", meinte der Kapitän tief nachdenklich. „Gut, gehen wir erst mal schlafen, dann können wir bei Tageslicht untersuchen, was nicht in Ordnung ist."

Auf dem Bootsdeck hatten sich viele frierende Passagiere versammelt und wollten Näheres wissen. Weisungsgemäß erklärten ein paar Stewards einigen nassen Reisenden, daß das Wasser in ihren Kabinen auf den unteren Decks wohl aus einem Rohrbruch stammen müsse. Es könne ja gar nicht anders sein, da ein Zusammenstoß mit einem Eisberg nicht in Frage komme; die Brücke habe es schließlich gesagt.

Inzwischen bezweifelte ein vorlauter älterer Fahrgast die Zuverlässigkeit der Rettungseinrichtungen. Dormioso erkannte, daß er um seiner Autorität willen jetzt irgend etwas unternehmen mußte.

„Sehen Sie doch mal – alles verrostet!" sagte der Aufwiegler und zeigte auf die Davits und Blöcke der Bootsgeschirre. „Wenn's wirklich drauf ankommt, können Sie uns ja gar nicht mal helfen."

„Na schön, Ich werd's Ihnen beweisen. Ich zeige Ihnen, daß ich volles Vertrauen zu unseren Rettungseinrichtungen habe. Nicht daß wir sie jetzt brauchen. Aber wenn es Sie beruhigt, gebe ich mich dafür her."

Seit jeher hatten sie an Bord immer wieder mit dem Rettungsboot Nr. 1 geübt, dem kleinen in der Reihe an Steuerbord ganz vorn. Die Technik war überall gleich; wenn es hier klappte, dann natürlich auch an allen anderen. Was sollte man sich die Mühe machen, sie alle der Reihe nach zu betätigen, wenn man ja wußte, daß alle gleich waren? Dormioso stieg also hinein und ließ sich von zwei Matrosen die überraschend kurze Strecke zum Wasser quietschend und knarrend hinuntersenken. Wirklich merkwürdig; er hatte sein Schiff viel höher in Erinnerung. Um die Form zu erfüllen, hakte er sogar die Schäkel an den braunen Stahlseilen ab und setzte zu einer kleinen Runde an, um zu zeigen, daß auch der Motor in Ordnung war. Er fuhr einen schönen Bogen und kehrte dabei dem Schiff den Rücken zu. Auf einmal gab es hinter ihm einen vielstimmigen Aufschrei, als ob ein Zirkuskünstler ein besonders gefährliches Meisterstück bewältigt hätte, und ein plötzliches heftiges Rauschen. Da war er nun doch neugierig und drehte sich um. War das vielleicht Beifall für ihn und seinen Heldenmut, als Kapitän ganz allein mit dem Rettungsboot spazierenzufahren? Aber er sah, wie sein schönes, großes Schiff sich wie ein wunder Wal herumwälzte, daß es ihm im schummerigen Nachtlicht den roten Unterwasseranstrich zuwandte, und dann verschwand es in einer großen aufwallenden Gischtwolke in nicht mehr als etwa einer halben Minute. Eine kräftige Welle schwemmte Dormiosos Boot aus der Gefahrenzone des Soges.

Was war nun das? Dormioso überlegte, was das Seefahrtshandbuch dazu sagte. Ach so, das war ja an Bord zurückgeblieben. Er mußte wieder zurück zur Brücke. Nur lag die jetzt da irgendwo unter Wasser. Was nun? Er konnte keine Ordnung in die neu gegebenen Zusammenhänge bringen.

Einige Menschen hatten sich anscheinend vom Sog der Business Queen befreien können und riefen im eisigen Wasser um Hilfe. Eines wußte auch Dormioso, nicht nur aus dem Seefahrtshandbuch: Wenn da mehr Leute schwammen, als in sein Boot paßten, und zu ihm einstiegen, mußte es sinken. Und davon, daß er mit ihnen ertrank, hatten die anderen Opfer auch nichts. Also fuhr er erst einmal eine halbe Stunde lang nach Norden. Und schließlich war das Geschrei ja lästig. Was konnte er auch tun? Er mußte doch irgendwo Hilfe für die Leute holen, dachte er bei sich, das war ja wohl seine erste Pflicht.

In der Morgendämmerung sah Dormioso den zweiten Spezialtransport auf sich zukommen: einen Schlepper mit einem großen, zackigen Eisberg am Haken. Und als die Besatzung dieses Arbeitsschiffes ihn an Bord nahm, hatte er gewisse Erklärungsschwierigkeiten. Wie kommt es, daß ein Kapitän als erster und einziger von Bord geht und als einziger überlebt? Er verweigerte erst einmal jegliche Aussage und versuchte später, der Weltöffentlichkeit einzureden, er habe so verzweifelt wie vergeblich versucht, Mannschaft und Fahrgästen vor dem Untergang den Ernst der Lage zu erklären. Später bekam er einen Orden wegen seines heldenhaften Verhaltens.

Auf dem ersten Schlepper hatte man natürlich von der Katastrophe nichts gemerkt, denn sie hatte sich hinter dem Eisberg ereignet. Und in ihrer Bierruhe hatten die Besatzungsmitglieder auf der Brückenwache der Business Queen keinen Anlaß gesehen, irgendwohin Funksprüche mit verdächtigem Inhalt abzusetzen. Ehe Dormioso vom zweiten Schlepper aufgefischt worden war, ahnte niemand etwas von irgendeinem Zwischenfall.

*

Die Meldung sprach sich bis zur Gigantic herum: Ein Fahrgast-schiff war unter völlig unerklärlichen Umständen untergegangen, und einzig und allein der Kapitän hatte überlebt.

„Ach, ich liebe Schiffskatastrophen", sagte dazu die abenteuer-lich gestimmte uralte Dame von Aggis und Hubsis Tisch im Speisesaal. „Sie doch sicher auch, nicht wahr? Sonst wären Sie ja nicht auf dem Titanic-Jubiläumsschiff." Sie konnte auch erklären, warum der Platz, an dem sie saßen, die „Calamai-Bar" war. Calamai war der Kapitän der unglücklichen „Andrea Doria", die von der später noch sehr langlebigen „Stockholm" versenkt worden war. Überhaupt wußte die Frau alles über alle je vorge-fallenen Schiffsuntergänge, vor allem die besonders grausamen. Sie war innerlich entschlossen, bei der Nachstellung auf die höchste Erhebung des Hecks zu klettern und mit dem Zucker-würfel im Mund zu warten, bis ihr der Boden unter den Füßen endgültig wegsackte, um nur ja nichts zu versäumen.

Die Frau war zierlich, lieb und trotz ihrer vielfältig zerknitterten Alterserscheinung unerklärlich nett anzusehen; Hubsi betrachtete sie gelegentlich mit einem Wohlgefallen, das ihm unruhige Sei-tenblicke von Aggi eintrug. Bei allen Mahlzeiten plauderte sie voller Begeisterung über jeden nur denkbaren und halbwegs bekannt gewordenen Untergang der Seefahrtsgeschichte. Sie wußte alles und wollte doch immer noch mehr. „Wie kann man nur alles über dieses Unglück erfahren? Wie hieß das Schiff, ‚Business Queen'? Vielleicht frage ich einen der Offiziere." Sie hatte die Ausstrahlung alten Adels und doch auch einer Art Bohème, so wie man sich eine Prinzessin vorstellen mag, die ausreißt und Seiltänzerin in einem Zirkus wird.

Zwischen den Mahlzeiten traf man sie meistens in der Biblio-thek an. Dort gab es nicht nur Unterhaltungsliteratur jeglicher Art, sondern auch alles, derartig umfassend wirklich ausnahmslos, über Schiffsunfälle, wie es keine andere Bücherei der Erde wohl jemals umfaßt hat, wenn auch natürlich nur in billigen Nachdrucken, denn wertvolle Originale waren auf diesem Schiff aus gutem Grund nirgends vorhanden. Und da schmökerte sie nun und lernte immer noch etwas dazu.

Allein das Schrifttum über die echte Titanic füllte eine ganze Regalwand. Es fing an mit dem Roman „Futility" von Morgan Robertson aus dem Jahr 1898, in dem der Untergang einer „Titan" ausführlich im voraus beschrieben wurde. Dann gab es alle Tatsachenberichte, alle technischen Beschreibungen des Schiffes, abseitige und abenteuerliche Spekulationen über Hintergründe des Untergangs etwa derart, daß ein Verbrechen vertuscht oder in Wahrheit das Schwesterschiff „Olympic" zum Zweck des Versicherungsbetruges versenkt worden sein soll; das setzt immerhin voraus, daß schon Murdoch die Kunst des vorsätzlichen spitzwinkligen Anlegens am Eisberg beherrscht haben muß, und auch der Eisberg selbst war demnach wohl in Stellung gebracht worden, denn auch damals war durchaus nicht sicher zu erwarten, daß sich auf jener Reise im fraglichen Seegebiet Treibeis befinden sollte. Aber ein echter Versicherungsbetrüger ist zu vielem fähig, wie Hubsi in diesen Tagen gerade von wahrhaft zuständigen Leuten lernte.

Und nicht nur die nette alte Dame trieb sich hier herum; alle Bücher über die alte Titanic waren mindestens dutzendfach vorhanden, denn sie wurden mit Begeisterung gelesen und immer wieder neu angefordert. Zum Glück hatte der Borddrucker eine Standleitung zu den Netzanschlüssen der Verlage und konnte ständig neue Exemplare nachfertigen. Dadurch wurden die Regale nie leer.

Aber auch das Bordfernsehen brachte auf allein drei seiner Kanäle eine ununterbrochene, immerzu wiederholte Folge aller

Dokumentationen und Spielfilme über die Mutter aller Untergänge.

*

Ein kleines Lotsenboot kennzeichnete die Stelle, an der der eigene Zusammenstoß geschehen sollte. Die Eisberg-Schlepper trafen ein, der, dessen Fracht die Business Queen unter Wasser gebracht hatte, ordnete sein Schleppgut am vorgesehenen Ort an, und das zweite Schiff hielt das Ersatzstück in fünf Seemeilen Entfernung in Bereitschaft. Die ersten Presse- und Fernsehkreuzer trafen ein und gaben Stimmungsberichte ab. Am Eisberg fanden sich Spuren von Rostschutzfarbe, und der verheerende Untergang des Geschäftslehrgangsschiffes schien seine Erklärung zu finden. McDowell-Ismay ärgerte sich; das ungeplante Unglück drohte die öffentliche Wirkung seines Auftritts zu übertreffen. Hubschrauber und Rettungsschiffe waren auf dem Weg zum Untergangsort der Business Queen, um Überlebende oder zumindest Spuren zu sichern. Gerade die Fahrgäste der Gigantic fieberten nach weiteren Nachrichten und hofften auf Ergebnisse noch vor dem frühen Morgen des 15. April, denn alles, was danach geschah, kümmerte ja keinen an Bord mehr.

Die Sonne glänzte über einem blaugrauen, glatt und friedlich schimmernden Meeresspiegel; leichte Schleierbewölkung vermittelte eine verhalten besinnliche Stimmung. Aggi stand am Fenster des J.-Bruce-Ismay-Salons und fühlte sich grüblerisch.

„Wenn man sich das vorstellt – so hat es am Tag vor der Katastrophe für die Passagiere der Titanic auch ausgesehen. Und keiner hat geahnt, was kommt. So schnell kann sowas gehen – mitten aus dem Leben heraus."

Hubsi legte den Arm väterlich um sie. Zu solchen Gesten hatte er selten Gelegenheit, denn meist fühlte er sich dafür nicht hinreichend ernstgenommen. „Mach dir nichts draus. Jeder ist irgendwann mal dran; dazu braucht man gar kein Schiff. Wir könnten auch an Land morgen tot sein. Du mußt immer den Augenblick genießen und denken, daß jeder Tag dein letzter sein könnte." Aggi schnurrte fühlbar, auch ohne eine Katze zu sein.

Lueggi führte sein Schiff umsichtig und als ob er nie auf anderen Gewässern als den Ozeanen gefahren wäre. Er regelte mit den morschen und klappernden Motoren, die ihm immer gerade zur Verfügung standen, die Fahrtgeschwindigkeit sorgfältig, um genau pünktlich am Eisberg einzutreffen. Bisher fuhr er mit Zeitvorrat, schon deshalb, weil er nicht wußte, wie lange er noch mit wieviel Maschinenleistung rechnen konnte; gegen Ende wollte er die Geschwindigkeit senken und kurz vor dem Ziel wieder beschleunigen, damit es beim Zusammenstoß ein ordentliches Knirschgeräusch und schön viele Eisbrocken geben sollte. Wider Erwarten arbeiteten aber inzwischen alle technischen Anlagen auf der Gigantic mit der Zuverlässigkeit eines Feder-Uhrwerks aus Lueggis heimlicher Schweiz; die schwitzenden Schweißarbeiter unter Deck hatten Übermenschliches geleistet. Auch den wackeligen Rumpf hatten sie mit viel Mühe vorläufig soweit versteift, daß er vielleicht wirklich nicht schon vor der Begegnung mit dem Eisberg ohne Vorwarnung auseinanderplatzte. Und dementsprechend brav pflügte die Gigantic nun vor sich hin. So hatte Lueggis guter alter Dampfer auch gerackert. Und er selbst war eben auch gut und alt, ein Schiffer, der wußte, wie man mit so etwas umgeht. Da war der Unterschied zu einem Hochseeschiff auch nicht mehr als eben der einer anderen Größe.

Der Zusammenhang des eigenen Unternehmens mit der Katastrophe der Business Queen mit 2800 Toten war keinem der Reisenden auf der Gigantic bewußt; die Farbspur am Eisberg wurde gerade erst untersucht. Die Boote der entsprechenden Ermittler waren dem Anstoß noch im Weg. Bisher war die friedliche Welt der Selbstmord-Gemeinde in bester Ordnung.

*

Untergründig lief das Stichwort „Hubschrauber" schon seit Tagen um; Aggi und Hubsi hörten es immer wieder und wunderten sich, warum so etwas ein Gegenstand sein sollte. Das schien eine Mode zu werden; schon der gebrechliche Verehrer hatte Aggi einen Flug anbieten wollen. Die Leute murmelten, als seien Fluggeräte unanständig, und machten sich andererseits untergründig lustig darüber. „Brauchst du einen Hubschrauber?" schien so etwas wie eine Beleidigung zu sein. Aber auch andererseits eine Bedrohung: „Paß auf, sonst holt dich der Hubschrauber ab." Man tuschelte, niemand sprach offen über senkrecht abhebende Flugzeuge. Wenn der Hubschrauber kommt... „...und dann fängt alles wieder von vorn an." „Wie schrecklich; stell dir vor, meine Nichte schickt mir einen Hubschrauber nach. Dann war alles vergeblich."

Aggi meinte dazu: „Ich bin noch nie Hubschrauber geflogen; weißt du was, wenn du alle diese Geschäftstricks anwendest, die sie dir erzählt haben, dann schenkst du mir einen Rundflug, ja? Oder fliegst du selbst mit?"

„Was soll ich mit einem Hubschrauber? Jetzt fahren wir Schiff, und das ist doch auch schön, oder nicht? Das hast du doch immer gewollt."

„Kommt wirklich ein Hubschrauber?" hörte man gemurmelte gärende Gerüchte. „Nein, wie unpassend!" – „Ja wirklich, so stillos." – „Sowas gab's zur Zeit der Titanic noch nicht."

*

Noch mindestens einen weiteren Fahrgast gab es an Bord, der die Absicht hatte zu überleben, nur im Unterschied zu Aggi und Hubsi im vollen Bewußtsein, was er tat. Rainulf Raaber war glückloser freischaffender Journalist und Buchautor; er hatte eine findige Nase für solche Skandale und Ereignisse, die jeweils kurz vor ihm schon ein anderer aufzustöbern pflegte und mit viel Erfolg veröffentlichte. Noch jedesmal hatte er einen Gegenstand gefunden, der sich hervorragend verkaufen ließ, und noch fast jedesmal war er der Zweite gewesen, der das versuchte, bis auf die wenigen Fälle, wenn er als Dritter oder Vierter erschien. Und nun, in seiner Verzweiflung, hatte er beschlossen, sich auf die große Herausforderung einzulassen, die Reise auf der Gigantic mitzumachen und nachher in einem Buch ausführlich darüber zu berichten. In seinem Gepäck führte er ein Schlauchboot mit, Notvorräte, ein kleines Funkgerät und warme Wechselkleidung. Seinen Fluchtplan hatte er sorgfältig nach den Entwurfszeichnungen des Neubaus vorbereitet; es gab zwar keine Vorschrift für Fahrgäste, daß sie nicht versuchen durften, trotz allem weiterzuleben, aber er wäre ein Spielverderber gewesen, wenn er seine Absicht bekanntgegeben hätte. Grund genug hatte er, sein Leben für gescheitert zu halten, und jeder, der überhaupt etwas darüber wissen wollte, hätte ihm den Wunsch nach Untergang sicher sofort nachempfunden; sein Aufenthalt an Bord war also in jeder Weise glaubwürdig.

Die Schwierigkeiten waren vor allem technischer Art. Er konnte keinen sinnvollen Verwendungszweck für Notizen oder Fotos glaubhaft machen. Es gab ja noch nicht einmal einen Bordfotografen. Also mußte er heimlich in der Kabine an der Sammlung seiner Beobachtungen schreiben und mit einer winzigen Geheimdienstkamera fotografieren. Als ihm schließlich Aggi und Hubsi auffielen, weil sie ohne Scheu Aufnahmen machten, hatte er wieder einmal den Eindruck, zu spät gekommen zu sein. Alle diese Selbstmörder an Bord waren ja eigenwillige Originale, und manch einer mochte einfach Spaß am Fotografieren selbst haben; es mußte ja nicht einmal ein Film in der Kamera sein. Und andere machten vielleicht ein Spiel daraus, sich eine Zukunft vorzugaukeln, die sie an Land längst aufgegeben hatten. Jedenfalls wunderte sich keiner der Fahrgäste wirklich über über Aggis und Hubsis sonderliches Vergnügen. Na ja – jetzt war es zu spät, noch ein großes, bequemes Gerät zu beschaffen, denn verständlicherweise gab es an Bord so etwas nicht zu kaufen.

Sonst nahmen unser Pärchen und Rainulf keine Verbindungen untereinander auf. Hätten Aggi und Hubsi etwas mehr von den Hintergründen gewußt, dann wären sie auf Rainulfs Schlauchboot sicher gut ansprechbar gewesen. Andererseits war es kaum groß genug für zwei, für drei ganz bestimmt nicht. Und Rainulf war zwar nun wachsam, aber sicher nicht gestimmt, sich mit seinen Mitbewerbern zu verständigen.

Die Stimmung an Bord wurde besinnlicher; man näherte sich dem Ziel. Eine zeitlang fuhr ein Kreuzfahrer in Sichtweite nebenher. „Der will uns auch untergehen sehen", sagte ein würdiger, weißhaariger schlanker Herr mit sehr aufrechter Haltung zu seiner pummeligen, künstlich aufgejüngten Ehefrau, und Aggi hielt die Bemerkung nur für zynisch und nicht sehr angemessen. Das andere Schiff verschwand allerdings bald wieder aus der Sichtweite; Begleitung verstieß gegen die Spielregeln.

Dieser vorletzte Tag war dem Gedenken an die Titanic gewidmet. Den Opfern des ersten Untergangs gegenüber war der Ton durchaus geschmackvoll und ihrer würdig. Es gab einen Vortrag über die Tatsachen von damals, eine ordentliche Gedenkveranstaltung am frühen Abend und einen Spielfilm zur Nacht. Die Fahrgäste damals hatten ein Ziel vor Augen, sie wollten in einer neuen Welt ankommen; der Festredner betonte das auffallend deutlich und immer wieder. – „Denken wir in unserem Luxus daran: Diese Leute hatten alle noch etwas vor."

Aggi und Hubsi verstanden aber nicht recht, warum am Tag danach, dem des Zusammenstoßes, ein großer, fröhlicher Ball angesetzt war: „Nach uns die Sintflut". Aber wirklich gesunken war die Titanic ja erst am nochmals nächsten Morgen, und wahrscheinlich war vorgesehen, danach nochmals in besser angemessener Weise zu feiern. Auch auf der echten Titanic hatte man in den letzten Stunden vor dem Unfall geschlemmt, als ob es keine Gefahren auf der Welt geben könnte.

*

Aggi verursachte Aufsehen im Schwimmbad. Natürlich war das Becken auf diesem Schiff für eine einzige kalte Fahrt nicht im Freien, sondern unter einer Glaskuppel angeordnet. Ganz arglos trug Aggi einen modischen Badeanzug.

Auf dem Weg von der französischen Riviera über süddeutsche Stadtparks hatte sich damals die Mode unter den Damen verbreitet, oben herum nichts zu tragen. Anfangs galt das als unanständig, und man fand es aufreizend, infolgedessen trumpften die jungen Mädchen auf. Später kannte jeder so etwas, und keiner sah mehr hin. Jetzt trugen die jüngeren Damen wieder Bikinioberteile, um aufzufallen, während die inzwischen erwachsen gewordenen Frauen arglos mit ihren Kindern oben ohne baden gingen. Auch diese Generation trug nun, an Bord der Gigantic, doch wieder etwas, weil ihre Mitglieder zu alt waren, alles sehen zu lassen, wie es war. Und unter ihnen galt jetzt als glatte Herausforderung, was Aggi von festländischen Bädern selbstverständlich gewohnt war: Ihr einteiliger Badeanzug bedeckte als diagonales Band besonders betonend jeweils eine Hinterbacke und eine Brust. Diese ausdrücklichen Verhüllungen, die die betroffenen Körperteile unverschämt bewußt machten, veranlaßten die viel älteren anderen Badegäste des weiblichen Geschlechts zu befremdetem Kopfschütteln, die männlichen zu überraschend jugendlichen frühlingshaften Gefühlsausbrüchen. Aggi begegnete allem ungerührt mit der Redensart, die an Bord bereits sprichwörtlich geworden war: „Nach uns die Sintflut."

Und schon wieder fand sich ein Verehrer. „Daß man hier so junge Damen wie Sie treffen kann, ist schön, aber irgendwie auch traurig", sagte er.

„Warum denn das?"

„Na, daß Sie Gründe haben, sich hier unter uns verlorenes altes Volk zu mischen..."

Sie verstand seine Anspielung natürlich wieder nicht. „Man muß das Leben nun mal so nehmen, wie es ist, und alles schnappen, was einem geschenkt wird", meinte sie schlüpfrig, nur um irgend etwas zu sagen.

„Sehr weise, sehr reif für einen so jungen Menschen wie Sie. Gut, daß Sie es so zu nehmen wissen. Ja, schade; Sie wären es wert, Ihretwegen noch zwanzig Jahre zu leben."

Was konnte sie darauf noch Kluges setzen, ohne ihn nun zu enttäuschen? Sie versuchte es mit: „Am Ende bleiben von den zwanzig Jahren auch nur noch die letzten Stunden. Machen Sie einfach das Beste aus der Lebenserwartung, die Sie haben. Genauso sehe ich es auch."

Er verbeugte sich tief und theatralisch vor ihr. Ein wunderlicher Kauz, aber solche Begegnungen erfrischten unter diesen vielen alten Menschen.

Hubsi gefiel so etwas gar nicht. Er war zwar nicht zu echter Eifersucht begabt, zumal hier gar kein Grund vorhanden war, denn Aggi schätzte eher knackige Männerformen als graue Schläfen, und von solcher Art gab es hier keine Versuchungen. Aber seine Gewohnheit, zum Ausgleich mit entsprechend anziehender Weiblichkeit herumzuspielen und sich mit Aggi im Wettbewerb aufzuschaukeln, war hier ebenso ausgeschlossen mangels geeigneter Angebote. Die jungen Mädchen fehlten hier gerade so wie die Knaben oder Burschen. Also setzte er sich an die Bar und trank ärgerlich vor sich hin. Schließlich klatschte Aggi sich naß daneben, bestellte sich etwas Hartes, legte den triefenden Arm um ihn und tröstete ihn, bis er ebenfalls tropfte, aber wieder zufrieden war.

*

Auch Rainulf Raaber besaß aus Quellen, die ihn sehr viel Geld gekostet hatten, den Text der Anweisungen und technischen

Beschreibungen zu Händen des verantwortlichen Dienstpersonals für die eigentliche Versenkungsfeier. Schon vor der Reise hatte er etliche Leute teuer bestechen müssen, um dieses Dokument zu bekommen, aber soviel Einsatz sollte sein späterer großer Ruhm samt unabsehbarem Einkommen doch sicher wert sein. Natürlich hatte er sich kräftig dafür verschulden müssen, aber ohne Mut zur Investition ist noch nie ein bedeutendes Geschäft gelungen, dachte er sich.

Schön ordentlich amtsgemäß und technisch umständlich hieß es in diesem Heft:

Schon mindestens eine Stunde vor der Eisberührung sind in allen Räumen vor der späteren Grundebene des großen Festsaales sämtliche Veranstaltungen zu beenden. Der Ball wird fließend in die Titanic-Halle und die achtern angeordneten Gesellschaftsräume verlegt, ohne dabei unangenehme Unterbrechungen zu erlauben. Zur Kollisionszeit sind keine Programmbeiträge vorgesehen, sondern wird nur ruhige Tanzmusik ohne Unterbrechungen vorgetragen. Unmittelbar nach Beginn des Wassereintritts sichtet Personal von vorn her nach mittschiffs alle öffentlichen Räumlichkeiten und fordert verbliebene Fahrgäste auf, sich zum Ort der laufenden Veranstaltung zu begeben. Auch die Zuschauer des Seemanövers auf den Tribünen der Kommandobrücke werden jetzt zur Teilnahme am Ball gebeten. Danach werden alle Zugänge nach vorn im Passagierbereich verschlossen, da die vorderen Schiffsteile weiterhin nur noch zur Flutung verfügbar sein sollen. Auf der Brücke verbleibt vorläufig eine Notwache bis zur Stillegung der technischen Anlagen; nautische Manöver werden nach der Kollision im Fall des planmäßigen Verlaufs nicht mehr gefahren. Offen bleiben zum vorderen Schiffsteil nur die

104

Schleusentüren für Einsatzkräfte der Besatzung, die sich weiterhin dienstlich dort aufhalten, als Rückzugswege. Ebenso sind sofort über Lautsprecherdurchsage alle Personen in den Kabinenanlagen darauf hinzuweisen, daß nach kurzer Zeit die Verbindungstüren zu den Gesellschaftsräumen unwiderruflich geschlossen werden.

Die Eisberührung erfolgt steuerbord vorn am unteren Rand der Außenhaut, die deshalb in dieser Zone nur einschichtig ausgeführt ist. Der Querschnitt des Lecks ist nicht vorherzusagen; deshalb verläuft der erste Wassereintritt nach der Kollision ungeregelt in die vordere Kammer des Steuerbordrumpfes. Dieser Vorgang kann darum eine Zeit zwischen ungefähr zwei bis dreißig Minuten in Anspruch nehmen. Währenddessen wird sich das Schiff merklich nach steuerbord vorn neigen; da der Überlauf in die übrigen Rumpfhohlräume nur 5,5 m über der Konstruktionswasserlinie liegt, hält sich die Krängung vorläufig in Grenzen, die den Komfort nicht beeinträchtigen sollten und ermöglichen, daß abgestelltes Trinkgeschirr nicht kippt oder ausläuft. In dieser Übergangzeit ist daher der gesellschaftliche Betrieb weiterhin unbehindert möglich.

Die Erschütterung durch die eigentliche Kollision ist vermutlich in den Gesellschaftsräumen kaum oder gar nicht wahrnehmbar. Deshalb ist die merkliche Schräglage für den Saalmoderator der geeignete Anlaß, in die Musik einzugreifen und mit Erklärungen den weiteren Ablauf der gesellschaftlichen Veranstaltung zu leiten. Jetzt werden die bereitgestellten Getränke mit Originaleis vom Kontakteisberg verteilt. Dadurch ergibt sich zwanglos die Gelegenheit, den Tanzbetrieb zu unterbrechen und die Fahrgäste auf den notwendigen Platzwechsel vorzubereiten.

Sobald das eindringende Wasser die Höhe des Querdecks erreicht hat, sorgen Klappen, Ventile und bedarfsgerecht bemessene Durchlässe für seinen weiteren Zutritt in den restlichen Schiffsraum gemäß dem vorgesehenen Zeitplan; durch Verstellung der Öffnungsweiten in den Flutkanälen läßt sich der Zeitaufwand bis zur Erreichung der stabilen Schwimmlage 2 nach Bedarf steuern, je nach der Dauer des Verzugs während der ersten Flutungsphase. Das Wasser verteilt sich nach dem ersten Übertritt in den Mittelrumpf schnell ausgeglichen in den vorderen Räumen aller drei Rümpfe. Ab diesem Zeitpunkt neigt sich der Schiffskörper in einer langsamen, gleichmäßig fließenden, allmählich zunehmenden Bewegung in Fahrtrichtung abwärts. Hierfür ist entsprechend den Ventilstellungen eine halbe bis eine Stunde Zeit vorgesehen. Der Vorgang ist vollelektronisch gesteuert, wird aber auf der Brücke und später im Sinksteuerraum überwacht, und nach Bedarf ist ein Eingriff jederzeit möglich, wenn der Programmablauf ihn erfordern sollte.

Während dieses Abschnitts veranlaßt der Saalmoderator die Fahrgäste, sich mittels der seitlichen Aufzüge über die Höhe des Titanic-Saals zu verteilen. Getanzt wird in dieser Zeit nicht; die Musik ist zurückhaltend zu gestalten und wird durch gesprochenen Text überlagert. Der Moderator ist gehalten, sich um höflichen, geschmackvollen Humor zu bemühen. In den beiderseitigen Nischen befinden sich Logen mit konkav polygonalen und gewölbten Böden über ein Kreissegment von 90°, die als Sammelplätze für einen Stehempfang über die Zeit des Neigungswechsels durchgehend zuträgliche Bodenverhältnisse bieten. Für gebrechliche Fahrgäste stehen auch einige Schwenkböden zur Verfügung, die eine ausreichende Anzahl von Sitzplätzen und Stellflächen für Rollstühle bereithalten. Auch sie sind über Viertelröhren während der gesamten Kipphase zugänglich.

Im Titanic-Saal öffnet inzwischen das hierfür abgestellte, geschulte technische Personal die Bodenbeläge, um die Förderanlagen für die Möblierung freizulegen. Die Tische sind mit Schnellverschlüssen am Boden befestigt, die Sessel mit Saugfüßen rutschfest bis etwa 35° Schräglage gesichert. Die Besatzungsmitglieder bewegen sich mit hierfür gesondert entwickelten Klammerschuhen, die auf die Textur des Teppichbodens abgestimmt sind. Nachdrücklich sind sie darauf hingewiesen, aufmerksam auf die Unfallverhütung zu achten, da der Eindruck vorzeitiger Unfälle die festliche Stimmung der Fahrgäste beeinträchtigen könnte. Die Möbelstücke werden in Faltgestellen gestapelt und aufbewahrt, bis die Vorwärtsneigung des Schiffes auf etwa 70° angestiegen ist; ab dann ist die Anordnung der Einrichtung auf dem neuen Boden möglich. Stellpläne und Zuweisung der Einzelstücke für eine schnelle Verteilung werden an die leitenden Kräfte bereits zwei Tage vorher ausgegeben.

Das Sinkmanöver wird von der Brücke aus durch die Restwache geleitet, bis das Ruderhaus eintaucht. Es wird durch Bodenventile sofort geflutet, um nicht als Auftriebskörper die Sinkbewegung zu behindern; alle noch im Einsatz stehenden Mannschaftsmitglieder müssen es darum umgehend verlassen. Die Führungskräfte der Besatzung steigen über Bodenleitern nach achtern auf und wechseln zum Sinksteuerstand auf Deck 29 achtern.

Um das erforderliche Sinkverhalten sicherzustellen, sind die Dieselmotoren und Generatoren weit vorn im Mittelrumpf eingebaut. Zum Ausgleich des tief gelegenen Gesamtschwerpunktes bleiben die Rumpfräume mittschiffs bis auf weiteres trocken und werden erst durch Rückstrom aus den Aufbauten nachträglich geflutet. Die Maschinenräume wirken vorläufig als Auftriebskörper. Der Wasserstand in den hoch gelegenen Decks ist darum wesentlich höher als in den Rümpfen, wenn die stabile Schwimmlage 2 erreicht ist. Die Konstruktion ist dahin ausgelegt, daß diese Position bei mittlerem bis mäßig starkem Seegang theoretisch bis zu fünf Stunden eingehalten werden kann. Dies ist die klassische Stellung des Referenzschiffes in der Spätphase des Unterganges, nämlich um 90° nach vorn gekippt.

Jetzt findet die abschließende Veranstaltung im Titanic-Saal statt. Die Vorderwand steht als Boden zur Verfügung; vor allem erwünscht ist jetzt lebhafte Tanzmusik. Zwanzig Minuten vor dem Zeitpunkt der endgültigen Versenkung wird Kaffee mit den präparierten Zuckerwürfeln ausgeschenkt; in den überall verteilten Kaffeeküchen muß er rechtzeitig in ausreichender Menge zubereitet werden. Hierzu ist die Musik getragen, der Saalmoderator erinnert nochmals an die Opfer des Untergangs der Titanic und erzeugt eine besinnliche Stimmung. Er darf den Kaffee ebenfalls annehmen und ist damit aus der dienstlichen Verpflichtung entlassen.

Während des Kaffeeausschanks werden die Fluttüren zum Saal geöffnet, und das Wasser erhält Zutritt bis auf etwa eine Höhe von 20 cm über dem Fußboden. Diese Schwimmlage 2a läßt sich aber nur längstens etwa fünfzehn Minuten halten, so daß höchste Disziplin vom Personal gefordert ist, um Verzögerungen des Programms zu vermeiden. Die beiden letzten Musiknummern des Ablaufplanes werden dann angestimmt, wenn der Kaffee vollzählig ausgeteilt ist. Das Personal überprüft die Wirkung der Zuckerzuteilung und verläßt den Saal über die vorgesehenen Leitern erst dann, wenn sie vollständig eingetreten ist, und leistet bei Bedarf Unterstützung. Die Musikgruppe wiederholt gegebenenfalls den Choral so lange mehrfach, bis von den Saalstewards das endgültige Erliegen der Wahrnehmung durch die Fahrgäste angezeigt wird.

Inzwischen hat im Besatzungs-Festsaal eine voraus abgestellte Bereitschaft ebenfalls eine ausreichende Menge Kaffee und Zuckerwürfel der Sonderzuteilung vorbereitet und schenkt an die eintreffenden Kollegen aus beziehungsweise hält die gefüllten Tassen auf einem Buffet bereit. Jetzt öffnet die Schiffsführung alle Klappen für die Flutung in großem Querschnitt, und jedes Dienstverhältnis an Bord einschließlich aller sich ergebenden vertraglichen Verpflichtungen ist beendet.

Die Schwerpunktlage führt unvermeidlich dazu, daß das Schiff sich beim weiteren Sinken wieder teilweise aufrichtet; zuletzt unterschneidet also die Achterkante von Deck 30 die Wasseroberfläche. Eine wasserfeste Beleuchtungsanlage arbeitet bis mindestens zehn Minuten lang untergetaucht, so daß eine gute optische Wirkung des Untergangs nach außen sichergestellt ist. Scheinwerfer erhellen den aufsteigenden Gischtschwall der ausgetriebenen Luft in verschiedenen Farben von unten her. Über die gesamte Rückwand sind Feuerwerkskörper verteilt, die bei Berührung mit Wasser selbsttätig zünden, so daß ein feierlicher Eindruck gewährleistet ist.

Der letzte Abschnitt des Sinkvorgangs vor der Unterschreitung der Seeoberfläche ist auf zehn bis fünfzehn Minuten berechnet, damit alle Mannschaftsmitglieder ausreichende Gelegenheit haben, ihre Zuckerzuteilung entgegenzunehmen. Behälter mit wertvollen Restgütern aus der Bordversorgung, biologisch unverträglichen Abfällen und Dokumenten werden beim Verlassen des Seespiegels abgestoßen. Eine Sicherheitsschaltung legt druckgesteuert bei Unterschreitung der Wassertiefe von 1000 m sämtliche technischen Anlagen des Schiffes endgültig und unumkehrbar still.

So kalt und karg las sich die Dienstanweisung darüber, wie sich 7000 Menschen gemeinsam umbringen wollten. Aber natürlich war die Wirklichkeit prunkvoll und prächtig und vor allem mit viel satter Stimmung gedacht, am besten schön kitschig und schmalzreich. Sie war als etwas ausersehen, woran sich jeder für immer hätte erinnern sollen, wenn er es noch gekonnt hätte. Und Rainulf genoß schon im voraus die tränenreiche Schnulze, die er aus diesem Vorgang schmieden, nein, schmieren wollte, im Andenken an alle jene, die selbst jedes Andenken mit auf den Meeresgrund nehmen wollten.

*

Die Bedenken unter Deck häuften sich; weiterhin warf der Rumpf Spannungsbeulen, weil die Dauerbelastung durch ordentliche Marschfahrt dem schlechten Stahl nicht bekam. Das bremste, aber es sah auch danach aus, als könnte das ganze mürbe Schiff jederzeit ohne Vorwarnung ganz einfach auseinanderfallen. Wieder schufteten die Menschen in der Bilge sich glücklich; das war endlich eine Aufgabe! Und Lueggi fieberte untergründig mit. Es waren nur noch einige begrenzte Stunden, bis die Verbände dann hoffentlich planmäßig nur genau dort aufbrechen sollten, wo es vorgesehen war. Inzwischen waren alle Vorräte an Reparaturstahl verbaut. Was nun noch geschah, war dann nicht mehr zu beheben. Von Stunde zu Stunde ließ der erste Offizier die verwölbten Linien der Außenhaut nachmessen und verfolgte besorgt immer neue Zentimeter der Abweichungen, die Fahrt kosteten, die Maschinen beanspruchten und mehr Treibstoff erforderten, als man gerechnet hatte. Immerhin arbeiteten die meisten Motoren jetzt wenigstens zuverlässig, und da die alten, abgefahrenen Diesel sehr schnell heißliefen, war es nun auch dringlich nötig, genug von ihnen zur Verfügung zu haben, daß man alle paar Stunden zwischen ihnen hin- und herschalten konnte, um sie zu schonen und doch die Fahrt zu halten. Zu allem noch ein Feuer wäre jetzt der Überfluß an Sorgen gewesen.

Aber auch ohne weitere Reste an Stahl, die man zur Verstärkung gern noch gebraucht hätte, waren die Männer unten im Schiff unterwegs, um gedehnte und verdächtig aussehende Schweißnähte weiter zu sichern. Zwischendurch dachte Lueggi daran, was dieser wasserschlüpfrige Trimaran wohl hätte leisten können, wenn seine Führung einmal alle Maschinen zugleich auf Höchstleistung hätte schalten dürfen. Wahrscheinlich wirklich eine Marschfahrt für das Blaue Band über ein paar Minuten, dann hätte er angefangen zu glühen, und noch wenige Augenblicke später hätte es den Rumpf gesprengt. Keiner der Sinkgäste oben im prunkvollen Palast der Aufbauten hatte eine Vorstellung von der Hektik, mit der hier unten das Arbeitsleben toste. Alle schweißten im Schweiße ihrer Angesichter und freuten sich ihres kurzen restlichen Lebens. Dafür war man doch auf der Welt!

*

Der alte Herr vom Schwimmbad gab nicht so bald auf. An der Bar umschwänzelte er Aggi und sprach sie wieder an.

„Sie haben mich sehr beeindruckt, nicht nur, weil sie so jung und schön sind", fing er an. Dann erzählte er ausgiebig über sich. Er war wirklich reich und erfolgreich, genau so, wie er aussah. Aber er hatte einen tiefgründigen Kummer:

„Seit zwanzig Jahren haben mir meine Ärzte allen Umgang mit Frauen verboten. Mein Herz ist zu schwach. Wissen Sie, bei der geringsten Aufregung könnte es stehenbleiben, so hat man mir das erklärt. Und damit habe ich mich lange abgefunden, bis jetzt."

Er hieß James, und bald verstanden sie sich unter dem Vornamen. Zum Teufel und zum Klabautermann, da mußte doch endlich etwas zu holen sein!

„Aber jetzt ist mir alles gleich. Nur deshalb bin ich auf diesem Dampfer. Ich will noch einmal etwas erleben. Leider gibt es ja hier nicht viel jüngeres Gemüse als mich", er lachte gezwungen, „das hatte ich mir nicht überlegt. Du bist ein Geschenk für mich. Bitte sag mir nicht, daß ich dir zu alt bin. Das ist für die kurze Reise doch nicht wichtig. Und die Ärzte können mich jetzt mal alle miteinander. Es kommt doch wirklich nicht darauf an, auf welche Weise ich untergehe. Erlaube mir, daß wir so tun als ob. Ich weiß selbst, daß ich ein müder alter Mann bin. Aber du mußt mir ja nicht sagen, was du wirklich von mir hältst. Laß mich dir nur ein bißchen nachschleichen, dann bin ich schon zufrieden."

Nun hatte sie tatsächlich Mitleid mit ihm. Sie wollte an sein Geld; wie konnte sie sich da so eine Schwäche erlauben? Sie mußte zumindest versuchen, ihn einzuwickeln. Durfte sie das? Am Ende brachte sie ihn damit um, wenn er sich nun doch aufregte. Na und, zwang sie sich zu denken; wenn er das selbst so wollte, dann war es nicht ihre Verantwortung. Jetzt wollte sie so richtig schön scheußlich durchtrieben sein und den armen Kerl ausbeuten, immerhin erklärte sie ja auch Hubsi immerzu, wie er es machen sollte. Das fehlte noch, daß sie ihn anfeuerte und am Ende selbst versagte.

Nach einiger Zeit, als sie sich weidlich nach Hubsi umgesehen und ihn nicht gefunden hatte, verschwand sie mit James von der Bar. Auch er hatte eine weitläufige Wohnung. Es war gemütlich, und der Butler gehörte zur allerersten Preislage der Gigantic, noch ein Stück teurer, als die Erbtante es sich geleistet hatte. Außerdem gab es ein schönes, heißes Sprudelbecken für ihn allein. James wollte sich einmal im Leben richtig aufregen, und wenn es dieses einzige letzte Mal war.

„Was soll mir der Festakt für die Titanic; wenn ich meinen eigenen haben kann, ist das noch viel schöner. Ich bin ja auch ein sinkendes Schiff. Mach dir keine Vorwürfe."

Sicher wollte Aggi ihn schonen. Sie bestimmte ihre Grenzen. Es genügte, wenn James sein Herz vorsichtig aufs Spiel setzte, damit es nur ein bißchen ins Rasen kam. Er mußte zumindest noch leben, wenn er ihr sein Geld schenken sollte. Er konnte ja auch erst sein Testament ändern und sich danach aufregen.

Wieviel in der fürstlichen Wohnung ganz oben im Schiff wirklich geschehen sein mag, erfuhr niemand, nicht einmal der Butler, denn der war berufstreu verschwiegen und nur anwesend, wenn man ihn wünschte. Hier steht nichts Genaues darüber. Vor allem wichtig ist aber, daß Hubsi keine Ahnung davon hat.

Aber, bei allen sinkenden Schiffen, nachdem James sich so ereifert und begeistert hatte wie seit zwanzig Jahren nicht mehr, Aggi sich fragte, was denn noch geschehen solle und was nicht mehr, wieviel Aufruhr er noch überleben konnte, als er frisch und rosig aufgeblüht war und strahlte wie ein kleiner Junge, dem man einen echten Lederfußball geschenkt hat, da dankte er ihr voller Überschwang, schwor, sie in alle seine Gebete einzuschließen, obwohl er doch nicht an Gott glaubte, aber der Tropf kam doch immer noch nicht auf den Gedanken, ihr auch nur das geringste Geschenk anzubieten. Nein, er fragte sie sogar noch dreist: „Sehen wir uns in den paar Stunden wieder, solange mein armes Herz noch klopft?"

Und da mußte sie ihn doch enttäuschen, denn das hatte er sich nun verdient, wo er sich soviel Zuwendung völlig umsonst erschlichen hatte: „Nein, das kann ich nicht nochmal tun. Ich bin gebunden."

Er sah sie entgeistert an. „Na und, was macht das jetzt noch?"

Natürlich verstand sie ihn nicht. „Na hör mal, er ist hier an Bord."

Er wurde bleich, mehr, als sein Herz ihm erlauben durfte. „Ach, er auch? Wie schrecklich!"

Sie verstand wieder gar nichts von tieferen Bedeutungen. Schrecklich? Er war wohl einfach enttäuscht und natürlich eifersüchtig.

„Was heißt ‚auch'? Ich finde es gar nicht schrecklich. Ich habe ihn eingeladen, und er ist mitgekommen."

„Ganz einfach so? Freiwillig? Ohne Grund?"

„Na ja, er wollte mich nicht allein lassen. Was heißt ohne Grund? Ich hatte noch Platz. Das ist doch nett von ihm, oder nicht? Ich finde, dafür bin ich ihm Anstand schuldig."

James war noch blasser geworden. „Dann allerdings. Ich wußte nicht, daß es heutzutage noch wirkliche Helden gibt. Dann werde ich mich natürlich vornehm zurückziehen." Er drückte ihr warm und bewegt die Hand und entließ sie voller Rührung. „Daß ich so etwas noch erleben durfte! Das ist jedes Opfer wert; dafür stehe ich natürlich gern zurück."

Als sie sich vorsichtig wieder in Richtung auf die Bars zu schlängelte, um nicht zur falschen Zeit von Hubsi erwischt zu werden, war sie schon wieder versöhnt. Sie konnte diesem komischen Herzpatienten einfach nicht böse sein. Vielleicht war er in seinem Alter einfach weltfremd geworden und wußte nur nicht mehr, was sich gehört. Der Anstand hat schon immer verlangt, daß man eine Frau besticht, wenn man mit ihr Absichten gegen den Anstand hat. Aber ein alter Herr ist manchmal verwirrt. Vielleicht lag es daran. Er hielt es ja anscheinend schon für Heldentum, wenn jemand mit einer Frau zusammen verreiste, und nun fühlte er sich schuldig vor Hubsi. Wo gab es denn noch so etwas? Eine wunderliche Sammlung verstörter Leute hatte sich hier an Bord versammelt!

*

Und dann war es endlich soweit, daß der unvermeidliche, lange erwartete Alarm unter Deck heulte und auf der Brücke blinkte und piepste. Natürlich; Lueggi war fast erleichtert, zugleich aber in vollendeter Panik.

Was war geschehen? In der Bilge fand sich Salzwasser, und es stieg. Es hatte so kommen müssen.

Er stürzte sich in den Aufzug, wechselte in die Katakomben von Mannschaft und Technik, rutschte auf ölig glitschigem Stahlboden aus und fand sich neben stirnrunzelnden Fachleuten in der untersten Ebene der Gigantic ein.

Es sah noch nicht schlimm aus. Das Wasser stand einen halben Meter hoch, aber es wurde mehr. Schimmernde Ölschlieren standen darauf. Eigentlich wirkte es heimelig wie ein Froschteich.

Alles surrte und flimmerte vor Geschäftigkeit. „Ein Leck!" Ja, das hatte endlich sein müssen, auf diesem Unglücksschiff konnte es doch nicht angehen, daß die geplante Katastrophe nach der vorgesehenen Absicht verlief. An den Außenwänden und auf der gesamten Fläche aller drei Böden der einzelnen Rümpfe krochen die Matrosen herum und suchten die undichte Stelle. Vielleicht war es gar nicht ein klassisches Loch, sondern die Nähte waren im Ganzen durchlässig geworden und ließen allmählich den Ozean herein, ehe das Schiff sich in viele kleine Teile auflösen wollte. Lueggi war auf das Schlimmste vorbereitet. Wenn alles schiefgehen sollte, dann hatte er die feste Absicht gefaßt, gleich hier unten zu ertrinken, damit er seine Schmach nicht erleben mußte; das vollendete Eisbergmanöver sollte doch sein Stolz sein und sein ewiges Verdienst werden, aber zumindest in Ehren mit dem Schiff untergehen wollte er auf alle Fälle.

Noch aber fuhr dieses Schiff, durch den größeren Tiefgang gebremst und darum mit um so stärkerem Einsatz seiner müden Maschinen. Aber ehe nicht alles verloren war, wollte Lueggi den Fahrplan nicht aufgeben, sondern lieber in der Bemühung eines wackeren Helden der See in voller Fahrt sein Schiff in die Tiefe bohren.

„Ich hab's gefunden. Hier kommt's raus!" sagte endlich einer der suchenden Matrosen durchs Mobiltelefon. Sofort krabbelten alle durch enge Türen und Klappen, die vorher erst geöffnet werden mußten, denn natürlich hatte man die Schotten zwischen den Kanälen für das Sinkwasser im späteren Ernstfall geschlossen. Eine echte wasserdichte Aufteilung des Rumpfes gegen den Untergang, wie sie die alte Titanic in sich hoffnungsvoll geborgen hatte, besaß dieses vorsätzlich versenkbare Schiff natürlich nicht, denn das wäre ja der wahre Widersinn gewesen.

Ein ölig klatschnasser Seemann empfing sie. Alle suchten sofort die Wände ab.

„Nein, hier!" Der Matrose zeigte auf ein rostiges, rissiges Rohr, aus dem das Wasser kräftig rieselte.

Und damit war der Fall schnell geklärt. Die Röhre hatte nachgegeben, weil ihr altes Metall durchgerostet war. Sie gehörte zum Kreislauf des Schwimmbades, in dem sein Seewasser geheizt und gereinigt wurde.

Der Schaden war bald ausgebessert, die verölte Flüssigkeit wurde in die Abwasserleitung abgefüllt, der Vorrat für das Badebekken ergänzt, und ohne Verzug konnte man weiterreisen. Noch immer war man mit Lueggis Sicherheitspolster vor dem Zeitplan. Nur waren die Maschinen jetzt ziemlich heiß geworden. Das Schwimmwasser der Passagiere war mit ihrem Kühlkreislauf kurzgeschlossen, und die Schiffsführung mußte den Fahrgästen eine Ausrede liefern, warum sich ihr Vergnügungsbecken auf einmal stark aufheizte. Also erklärte die Leitung des Hotelbetriebes den heutigen Tag zum Warmbadetermin, als habe man das schon immer so geplant, und wieder ahnte oben niemand etwas vom brüchigen Zustand des Schiffes.

Mit Feuerlöschern im Anschlag warteten einige Mitarbeiter unter Deck ab, daß die Anlagen wieder kühler wurden. Man blieb auf alles gefaßt.

Lueggi fiel auf der Brücke schwer, aber erleichtert in seinen Dienstsessel. Das war noch einmal gutgegangen. Aber sollte es ein Warnzeichen gewesen sein? Er wollte froh sein, wenn er bald alles überstanden hatte und in Frieden untergehen durfte. Nie hatte er gedacht, daß es die Nerven so zerrütten konnte, sich sorgfältig planmäßig umzubringen.

Ja, das hätte auch ein Ausgang dieser Geschichte sein können: Die Gigantic sinkt vorzeitig, viele Schiffe eilen zur Hilfe herbei, und dummerweise werden alle Menschen an Bord gerettet. Aber nein, es sollte sehr viel schlimmer kommen.

grauenhaft

Der Tag aller Tage brach an, der, den die große Zahl aller an Bord als ihren letzten vollständigen erwartete, denn die Reederei hatte die Absicht, soweit möglich den Ablauf der historischen Ereignisse getreu nach der Uhr einzuhalten. Und es gelang sowohl den Mitreisenden als auch allen, die im angesteuerten Seegebiet erwartungsvoll herumtrieben, daraus wirklich ein Jubiläum zu machen. Das Gedenken an die Toten der Titanic war gestern pflichtgemäß abgehandelt worden, man hatte sich vom schlechten Gewissen ihnen gegenüber freigekauft, die doch dem Schiff von damals allein durch ihre Anzahl seinen Ruhm für alle Zeiten, die von ihm wissen sollten, erst verliehen hatten. Nun feierte man fröhlich ihr Andenken. Geschmack ist nun einmal immer Geschmackssache.

Aber am letzten Morgen, den sie erwarteten, fühlten manche Fahrgäste sich nun doch wie der Mensch auf der Dachrinne, der springen will und zwischen sich und dem Entschluß auf einmal die Tiefe sieht. Lucy Jordan hatte das schon erlebt, und wahrscheinlich noch so mancher andere Fahrgast. Bei vielen hatte die Absicht monatelang unverrückbar festgestanden; jetzt war es soweit, und eine Umkehr war nicht vorgesehen. Die Gigantic hatte keine Rettungsboote, nur ungefähr zehn Schwimmwesten für den Fall, daß jemand vorzeitig über Bord gehen sollte, der doch nicht gern auf den abschließenden Festakt verzichten wollte, und selbst so grundlegende Ausrüstungsteile jedes Schiffsbetriebes wie ein Fallreep oder Festmacherleinen hatte man bei der Zwischenlandung in Cobh auf der Barkasse mit den Ehrengästen liegenlassen. Man brauchte sie für den Einsatzzweck dieses Schiffes nie wieder. Allein die Anker waren noch an Bord, denn es wäre zu umständlich gewesen, sie vom Schiff zu entfernen, und sie gehören zum Gesamteindruck wie ein Schmuckstück. Aber für ihre Ketten war der Grund hier, wo der Unfall des Vorbildes geschehen war, weitaus zu tief, als daß ein Anker irgendeinen Grund lange vor dem Schiff erreicht hätte. Es gab nichts, was im entferntesten so etwas wie Sicherheit oder Schutz hätte geben können. Und jener fragwürdige Hubschrauber schwebte nur als ungewisses Gerücht...

Alle weniger Entschlossenen wußten das. Sie waren in einer Sackgasse. Und darum fingen viele Fahrgäste bereits vormittags an, recht kräftig zu trinken und sich in eine gehobene und sanft von der Wirklichkeit entfernte Stimmung abzuheben. Aggi und Hubsi sahen das als Zeichen einer besonderen Ausgelassenheit und beteiligten sich in Maßen an diesem Spiel. Alle Getränke auf dem Schiff waren frei, dieser hohen Klasse gemäß, und die ganz teuren Sachen, die man aus Kostengründen nicht für die gesamte Reise auf Vorrat halten konnte, wurden erst heute angeboten. Wem hätte man hier noch etwas bezahlen sollen? Sie beide verstanden die Gründe natürlich nicht. Aber sie nutzten ebenso natürlich begierig und dankbar das Angebot, Flüssigkeiten zu trinken, die ein durchschnittlich verdienender Mensch wahrscheinlich niemals in seinem Leben zum Verzehr geboten bekommt.

Am letzten Tag von Pompeji widmeten sich seine Bewohner allein der Völlerei.

Fitzgerald hatte als besondere menschliche Geste für die edelsten Weine, Champagner und Geister schwimmfähige Behälter an Bord genommen, die beim ordnungsgemäßen Sinken durch eine Heckklappe freikommen sollten. Eines der Begleitschiffe war beauftragt, nach dem Untergang die übriggebliebenen Flaschen dieser Kostbarkeiten aufzufischen; mit Preisaufschlag sollten sie als letzter Gruß der Gigantic verkauft werden. Umkommen lassen durfte man so etwas natürlich nicht. Aber Rücksicht auf eine Nachwelt, die um diese Genüsse gebracht worden wäre, rechtfertigte natürlich nicht den Beweggrund. Bezahlt war alles von den Passagieren schon vor Abfahrt des Schiffes; später konnte die Reederei ein zweites Mal daran verdienen.

Unter den trinkseligeren der Fahrgäste kreiste eine Geschichte. Sie war eigentlich zu schön, um nur erfunden zu sein, und vielleicht stammte sie aus einem der Bücher vom Titanic-Regal und war nun doch vergriffen, weil der Druck der Nachfrage nicht folgen konnte. Niemand wußte wirklich, woher die Erzählung auf einmal kam. Man mag sie glauben oder nicht; schwer zu verstehen ist, wer sie überliefert haben sollte.

Ein paar der reichen Herrschaften aus der ersten Klasse, nur sie, denn die Damen waren alle in den Rettungsbooten davongeschwommen, und was noch klein, krank oder gebrechlich an Bord war, hatte Vorrechte auf die restlichen Plätze; einige der gesunden Männer aus besten Verhältnissen also, die wußten, wie die Lage war, flüsterten untereinander aus, wie sie die noch übrige Schwimmzeit des Schiffs würdig verbringen wollten. Es sank über den Bug; sie verabredeten sich dementsprechend achtern. Nach den Gerüchten auf der Gigantic war sogar der Kapitän Smith unter ihnen, fast sicher, wenn die Veranstaltung wirklich stattgefunden hat, der fein gekleidete Benjamin Guggenheim; niemand kann es je erfahren. Einer räumte aus der besten Bar auf dem Promenadendeck die edelsten und schärfsten Getränke heraus, die es dort gab, und darunter befand sich bekanntlich einiges vom Feinsten, das Großbritannien je besaß. Und damit verschanzten sich diese paar Herren in der Poop, also dem Heckaufbau, genau gesagt im Rauchsalon der Touristenklasse. Und während das Schiff sich immer steiler aufstellte, auseinanderbrach, das Heck sich um sich selbst drehte und dann auf den Meeresgrund fuhr, gebrauchten sie die kostbaren Flüssigkeiten für ihren zugedachten Zweck. Man ertrinkt nicht gern in kaltem Wasser. Lieber ertränkt man sich innerlich mit scharf wirksamen Wässern, um bewußtlos zu sein, bis der Ozean von außen kommt. Und als draußen die Menschen vom Heck herunterfielen und sich alle Knochen brachen, so daß die meisten von ihnen gar nicht mehr die Zeit hatten zu ertrinken oder zu erfrieren, leerte ein kleiner Kreis im immer steileren Winkel zwischen Fußboden und Vorderwand, immer auf der Flucht vor herunterstürzenden Möbeln, so schnell es der Magen erlaubte, Cognacs und Whiskys von biblischem Alter und dem Wert der Schätze in Salomos Tempel. Was aber an ewigen Wahrheiten und immerwährender Philosophie in dieser knappen halben Stunde entstand, aus Albernheiten und blöden Witzen, aber auch tiefster Einsicht, diese Sammlung könnte die gesamte restliche Menschheit vor allem Ungemach retten, wenn sie nur erhalten geblieben wäre.

Was aber bringt irgend jemanden darauf, von so etwas zu berichten? Sollte doch einer dieser schwerstbetrunkenen Teilnehmer des letzten Festes auf der Titanic durch ein Bullauge oder eine offene Tür gegen das einströmende Wasser hinausgeschwemmt worden sein, nachdem dort längst alle Rettungsboote aus der Klammerweite der ertrinkenden Fahrgäste verschwunden waren, einen schwimmenden Gegenstand erreicht, sich daran festgekrampft und trotz oder wegen des Vollrausches überlebt haben, bis nach zwei Stunden die „Carpathia" die ersten Opfer auffischte, und aus Delirium und Kater noch eine Erinnerung hervorgekramt haben? Immerhin hat dies der Bäcker der Titanic geschafft, der von der Heckreling ins Wasser gestiegen war. Aber er gehörte nicht zum Kreis der weisen Zecher, und verbürgt ist nichts in dieser Art. Und schon gar nichts ist bekannt über irgendeine schriftliche Spur der hochgeistigen Gespräche vor dem Ende. Aber es wäre doch schade, wenn die Geschichte nicht stimmen sollte. Und an den Bars der Gigantic hörte man alle Arten von Vermutungen über den Inhalt der Offenbarungen im Heck der Titanic. Unter dem Titel „Titanic Revelation" geistert dieses Buch ebenso in der Unwirklichkeit herum wie das „Necronomicon" des verrückten Arabers Abdul al Hasared, aus dem der Schreckens-Schriftsteller Lovecraft immer wieder zitiert. Vielleicht findet es wirklich einmal jemand als Flaschenpost.

Die Außenwelt ahnte schon, welches Opfer der Untergang der Business Queen für die Schlemmer von Pompeji bedeutete; McDowell-Ismay hatte erste Sorgen. Ohne den Eisberg für die Gigantic hätte das Schulungsschiff noch auf dem Meer schwimmen können; die Haftung lag bei der Black Star, falls jemand danach fragen sollte. Er und Morgan versuchten, soweit es ging, die ersten Kritiken mit vielen fröhlichen Presseerklärungen zu übertönen. Wenn erst die große Sinkschau weltweit über die Fernsehschirme gegangen sein sollte, war die Welt sicher wieder versöhnt. Was waren schon 2800 Tote anderes als ein Betriebsunfall, verglichen zum Beispiel mit der Zahl der Opfer des Straßenverkehrs in einem einzigen Jahr? Im Krieg ist so etwas ein „Kollateralschaden", und schließlich ist jedes große Unternehmen so etwas wie ein Krieg.

Aggi und Hubsi schwebten, beflügelt von legendären Getränken, durch eine kaum mehr wirkliche Welt; heute zum ersten Mal hatte auch er seine wirklich ungetrübte Freude an ihrer Reise, denn er hatte den schottischen Malzwhisky entdeckt und trank sich durch die edelsten Angebote durch. Aggi bemerkte, daß die Türklinken ihrer Suite sich abgriffen und durch die Goldschicht ein billiger Blechton durchzuschimmern begann, aber heute war nichts in der Lage, ihre gute Laune zu stören. Sogar der Kapitän war an diesem Tag nicht ganz nüchtern. Wie sollte man auch sonst so merkwürdige Äußerungen erklären wie: „Heute soll der unangefochtene Höhepunkt in Ihrer aller Leben werden. Ihre Enkel sollen Sie darum beneiden. Nur schade, daß Sie es Ihnen nicht mehr erzählen können."

Das Gemunkel vom Hubschrauber fand seine wirkliche Bestätigung, aber heimlich und peinlich verbrämt. Jeder größere Auftritt hätte die Stimmung gestört und das Spiel verdorben, das die Reisenden mit ihrem Leben trieben. Die Reederei hatte diese einzige Möglichkeit zur Flucht vorgesehen, aber nie darüber etwas verraten; man wollte vermeiden, daß die Hälfte der Passagiere mit der Fluchttür rechnete und nur bis kurz vor der Gedenk-Versenkung mitfuhr, um dann den ganzen schönen Auftritt zu hintertreiben. Aber wer es sich wirklich anders überlegte, ernsthaft beim Büro des Chefstewards vorsprach und den Eindruck machte, sich in voller, reifer Einsicht nachträglich anders entschieden zu haben, wer nun also eine Möglichkeit zum Aussteigen suchte, den schob man verstohlen und unter strengster Verpflichtung zum Stillschweigen in ein kleines, verborgenes Zimmerchen weiter, wo unzweifelhaft verschlossene und ebenso sicher lebensunwillige Mitarbeiter den Ausweg vermittelten. Acht Fahrgäste waren es am Ende, die sich fanden und das Schiff vor dem Untergang trocken und lebend verlassen wollten.

Der Hubschrauber kam am späten Nachmittag, während die übrigen Fahrgäste in allen Gesellschaftsräumen abgelenkt wurden. Die Landeplattform auf dem obersten Deck war nicht ausgewiesen; ein Kreis mit einem „H" darin hätte zu viele andere Mitreisende auf Gedanken und Fragen gebracht. Das Manöver war darum schwierig. Außerdem mußte es in voller Fahrt geschehen, denn niemand sollte fragen, warum das Schiff abbremste. Ein zuverlässiger Steward geleitete seine acht Schützlinge nach oben. Der Pilot war sich nicht sicher, wo er aufsetzen sollte, und am Ende blieben nur Minuten. Einer der Flüchtlinge erkrampfte mitten beim Umsteigen in einem Herzinfarkt; es wurde nun um so eiliger, denn der Hubschrauber hatte nur noch knappen Treibstoff an Bord. Der letzte Fluggast stürzte beim eiligen Einstieg ab und brach sich das Genick. Man schob ihn schnell hinein, denn für alle Fälle flog ein Notarzt mit, und der Pilot hatte es inzwischen sehr eilig. Er hob ab, und Zeugen waren sich später immer unsicher, ob der Rotor womöglich einen der Antennenmasten gestreift haben könnte.
Ziel war jedenfalls ein Schiff in der Nähe, weil die Küste für ein Fluggerät dieser Art zu weit entfernt lag. Es wartete. Ein munterer Funkspruch des Piloten kündigte an, man sei unterwegs. Und dabei blieb es. Das Schiff wartete weiter. Der Hubschrauber kam nie an, und man fand keine Spur von ihm. Niemals konnte geklärt werden, was aus ihm und seinen Insassen geworden ist. Die Auswirkungen der folgenden Ereignisse, die hier noch nicht zu verraten sind, waren jedenfalls ausreichend, um jeden möglichen Überrest dieses Fluges und seines Endes auf der Oberfläche des Ozeans hinreichend zu tilgen, daß man nicht einmal etwas vermuten darf. Die wenigen, die dem gewählten Tod doch entsagen wollten, flogen mitten in ihn hinein, wenn nicht ein außerirdisches Raumschiff sie entführt haben sollte.

*

Etwas vor der Zeit war heute das Captain's Dinner angesetzt. Der Anlaß war durch das Datum hinreichend bestimmt, und der Fahrplan war wiederum durch die Koordinaten des Untergangs der Titanic festgelegt. Da gab es keinen Spielraum. Beim Apéritif sah man gemeinsam einem herrlichen Sonnenuntergang zu. „Erst die Sonne, dann die Titanic und am Ende die Gigantic", murmelte jemand versonnen. Danach schmausten Aggi und Hubsi wie noch nie in ihrem Leben und schwelgten in sonst derart schwer zugänglichen Speisen, wie sie nie geglaubt hätten, sie in diesem Erdendasein jemals zu kosten. Der Kapitän erklärte die Veranstaltung zur „Mutter aller Mahlzeiten"; danach werde niemand mehr das Bedürfnis haben zu essen, weil es keine Steigerung mehr gebe. Und heute sollten und wollten alle – „nach uns die Sintflut" – einmal gar nicht an ihre Gesundheit denken, sondern nur noch nach Lust und Geschmack schlemmen.

Einen winzigen Schönheitsfehler hatte dieses Essen trotzdem, aber den merkte niemand außer dem Meister Lemurcq. Kurz nach dem Mittagsmahl war ihm nämlich leider übel geworden, und er hatte sich in seine Kabine begeben müssen, innerhalb ihrer in ein besonders verschlossenes Kabinett, und dort hatte er für die nächsten Stunden eine seßhafte Beschäftigung einschließlich geeigneter Bauchschmerzen. An sich war das nicht so schlimm; er hatte seine Unterköche gut angelernt, der Speiseplan und alle Rezepte für den Abend waren abgesprochen, und der Betrieb hatte sich gut eingespielt. Aber leider war der geheime Schlüssel für die Pilzköstlichkeiten irgendwo im Kittel in seinem Spind unten in der Küche vergraben, und er konnte nun weder selbst an den Schatz heran noch jemanden schicken. Das war zwar schade, aber wahrscheinlich merkte es niemand, denn die Gerichte ließen sich auch mit Champignons und Steinpilzen gut erstellen. Es war nur eben ein kleiner Mangel an der Vollkommenheit. Aber auf der Speisekarte stand es auch nicht, und darum konnte niemand enttäuscht sein, denn den Namen der Pilzart hätte François Lemurcq erst beim endgültigen Druck kurz vor Öffnung des Speisesaales verraten wollen, und damit tröstete er sich nun in seinem Studierzimmerchen.

Die Pointe in dieser Liste von Pilzgerichten, eigens herausgehoben auf der Speisekarte, wurde trotzdem von den meisten Fahrgästen verstanden, als harmloser Witz sogar von Aggi und Hubsi: „Das kann er sich ja heute leisten, vor dem Untergang kommt's doch nicht mehr drauf an", sagte ein Tischgenosse, und rundum lachte alles laut und herzlich. Und alles aß Pilze.

Natürlich war auch die überlieferte Speisefolge der echten Titanic an ihrem letzten Abend im Angebot, und selbstverständlich fühlten sich viele Untergangsgefährten dazu angeregt, ihr wenigstens teilweise zu folgen. Aber man konnte doch immer noch ein Pilzsüppchen zusätzlich bestellen, es kam ja nicht darauf an...

Trotz der üppigen Hauptmahlzeit war natürlich für später ein Buffet vorgesehen. Später – nach noch gültigen Maßstäben stand der Platz des Tisches dafür bisher senkrecht. Das Pärchen dachte darüber nicht nach; wahrscheinlich gab es eine heimtückische Klappeinrichtung. Dort war um ungefähr zwei Uhr zehn in der Nacht als letzter Punkt des gedruckten Programms der Kaffeeausschank vorgesehen. Danach stand auf dem edlen Papier nur noch ein Sternchen.

Aggi und Hubsi lebten in ungetrübter Freude des Genusses. Auch alle Mitreisenden waren ja so ausgelassen. Das Captain's Dinner ging nahtlos in den Sintflutball über, und eine allgemein beschwipste Reisegesellschaft tanzte mit fröhlichem Vorsatz dem Eisberg entgegen.

Viel Zeit blieb nicht für den eigentlichen Ball, denn schon vor Mitternacht wollte man den Eisberg rammen, und ab dann sollte die wechselnde Neigung aller Innenräume den Programmablauf streng gliedern. Die Seitenwände waren in tückisch entworfene Streifen und Rippen gegliedert, die bei jeder Lage genug Steh- und Sitzplätze bieten sollten, so, wie das Dienstpapier in Raabers Besitz sie armselig technisch umschrieb. Für den Tanz war dann keine Gelegenheit mehr, denn bis es wieder einen ebenen Boden gab, mußte sich das Wasser einige Zeit nach seinem Einlaufplan verteilen. Währenddessen war allerhand Schau mit den eisberggekühlten Getränken vorgesehen.

Bis zur Zeit des Anstoßes wollten sich also alle beeilen, um noch richtig tiefschürfend und gründlich genug für den Rest des Lebens zu feiern. Aggi und Hubsi kannten den Termin als angekündigten Höhepunkt des Abends; sie dachten natürlich an eine Schaueinlage beim Tanz.

Aber das versammelte Altersheim an Bord wußte Bescheid. Und alle hatten es angemessen eilig. James hatte sich vorgenommen, so oder so unterzugehen, und auch die anderen faßten es so auf. Ob sie den Zuckerwürfel noch gebrauchen wollten oder sich vorher zu Tode tanzten und ums Leben feierten, war – „nach uns die Sintflut" – nicht mehr entscheidend. Auch „Sodom und Gomorrha" war willkommen.

Zu ihrer schwindelerregenden Verblüffung fanden sich die beiden weitaus jüngsten Leute an Bord auf einmal von diesem alten Volk an die Wand gedrückt. Ob Damenwahl oder das gewöhnliche Verfahren, kümmerte die angeschwipste Versammlung der Fahrgäste schnell nicht mehr, und beide fanden sich von lüster-

nen alten Fingern umfaßt und mit ungeahnten Kräften herumge-
wirbelt von Menschen, die alle mindestens dreimal so alt waren
wie sie selbst. Die hundertjährige Katastrophenfreundin vom
Speisesaal-Tisch klammerte Hubsi an sich und schleuderte ihn
im Wiener Walzer nach Art des Opernballs linksherum, bis er
nur noch rechtsdrehende Schiffsuntergänge sah. „Ich muß doch
Kraft schöpfen für nachher", erklärte sie ihm. Er hatte noch nie
gesehen, wie jemand jenseits der Rentengrenze außer Atem war.
Sie glühte im Gesicht und hatte einen Blick wie eine Achtzehn-
jährige, die gerade etwas getan hat, was brave Mädchen nicht tun
sollen.

James griff sich Aggi. „Bei aller Hochachtung; du weißt nicht,
wie ich dir danken muß", keuchte er in einem lebhaften Tango.

„Warum zeigst du es mir dann nicht bar?" dachte sie sich. Er
aber redete weiter trotz seines kurzen Atems: „Wenn ich das
gewußt hätte; mein Herz liebt so etwas. Nur deshalb war es so
schwach, nur das hat ihm immer gefehlt. Wie kräftig es jetzt
klopft! Am liebsten würde ich noch meine Ärzte verklagen. Aber
ätsch, das hier wissen sie nicht!" Er wirkte auf einmal gefährlich
gesund. „Du hast mich aufgeweckt. Heute lebe ich nochmal so
richtig. Das allein hat sich schon gelohnt."

Beide konnten sich vor lüsternen Tanzpartnern nicht retten. Aber
es war doch eine muntere Unterhaltung. Je mehr die alten Leute
sich austobten, desto mehr machte es den beiden auf einmal auch
Spaß. Es war so abseitig komisch, daß man es nur noch genießen
konnte.

„Ich glaube, langsam fange ich an, mich auf die Zeit im Altersheim zu freuen", meinte Hubsi, als sie einmal kurz eine Ver-
schnaufpause an der Bar einrichten konnten.

Inzwischen waren sogar die gebrechlichsten von allen im Saal erschienen, die bisher nur in ihren Kabinen gesteckt hatten, und tanzten Rollstuhlreigen oder Rock'n Roll mit Krücken. Rund um den Saal standen Sanitäter bereit, um verschwiegen und höflich alle zu entfernen, die womöglich ihren Untergang mit Erfolg beschleunigten. Man mußte ja nicht sinken; unter vielen Fahrgästen war beschlossen, daß man sich nach eigenen Kräften schon vorher totfeiern wollte. Hin und wieder kippte wirklich jemand um. Aber bisher lebten alle noch. Und die meisten, die sich in umliegende Räume zur Erholung tragen ließen, standen nach spätestens einer Viertelstunde wieder auf und versuchten noch einmal, sich durch Lebensfreude um das Leben in dieser Freude zu bringen. Das ist anscheinend viel schwieriger, als man denken möchte, so wie es auch oft eine Sache von Jahrzehnten ist, sich zu Tode zu zechen. Auch darum bemühte sich manch einer: „Sseit dddreidreißßig Jahrenn-n-nicht meeehr ges-s-sofffen..." lallte so ein fröhlicher Spättrinker, der schief an einer Bar hing, „pbprost, auf mameine kakapputte Lelleleber!"

Irgendwo in einem Seitengang fand inzwischen ein Krückenrennen statt, und ein Rollstuhlinsasse drehte Pirouetten mit Aggi an der Hand. Er tanzte sie schnell müde und schwindlig, bekam aber selbst nicht genug.

Die Musik wurde forscher und flotter und scheuchte die Leute zu immer härterem Hochleistungssport. Aber sie ließen sich nicht beeindrucken; heute zeigte sich, was auch noch ein alter Körper leisten kann, wenn sich der Inhaber nur nicht von der Zahl seiner Jahre einschüchtern läßt. Und wo einer nichts zu verlieren hat, wagt er auf einmal viel mehr, um noch etwas zu gewinnen.

Auch ein wirklich guter Kunstpfeifer war unter den Fahrgästen, und er war ein solcher Könner, daß er gegen alle

Regeln die Gnade der Reederei gefunden hatte und die Erlaubnis bekam, sich als Bordkünstler zu bewähren. Heute durfte er auftreten; vorher hätte man es ihm aus altem Aberglauben der Seefahrer nicht erlaubt, denn Pfeifen an Bord ist eine böse Sünde wider alle Schiffssitten, weil es Sturm bringen soll. Was aber kümmert ein Sturm ein untergegangenes Schiff? Damit mußten sich die überlebenden Seefahrzeuge zurechtfinden, hier ging das niemanden mehr etwas an. Aber der Mann war zu betrunken; er versuchte es ein paarmal, brachte aber nur ein tonloses Pusten zustande. Niemand nahm es ihm übel, und es schadete der Stimmung nicht. Die Gäste wollten jeder für sich in den Untergang feiern, nicht ergriffen großen Darbietungen lauschen.

Zu „My Heart will go on" von Céline Dion, dem Titellied aus dem denkmalmäßig protzigsten aller Titanic-Filme, drückten sich die Gestalten auf der Tanzfläche aneinander wie Schüler, die etwas sehr Verbotenes tun, und alle waren glücklich. Es mußte bald soweit sein; die Tänze hielten sich nun wieder getragener, denn wenn die Leute zu wild waren, merkten sie womöglich nichts vom Treffen mit dem Eisberg. Noch wollte aber niemand ruhiger werden.

*

Um so ruhiger war aber die nautische Besatzung, die nun ihre Meisterleistung erbringen sollte.

Ernst Lueggi trank heute nichts. Den ganzen Tag über prüfte er die jeweilige Position und regelte feinfühlig die Propellerdrehzahl immer wieder geringfügig herauf und herunter. Kurz nach elf erschien er endgültig auf der Brücke, um die Zielansteuerung eigenhändig vorzunehmen. Diesen Platz wollte und sollte er nicht mehr lebend verlassen.

Tatsächlich hatte die Gigantic noch eine Brücke. Auf der Business Queen war sie ein Überbleibsel alter Zeiten gewesen. Aus der Frachtschiffahrt war inzwischen die Gewohnheit aufgekommen, irgendwo im Schiffsinneren eine Steuerzentrale einzurichten. Mit elektronischer Seekarte, Radar, Echolot, Satelliten-Positionsbestimmung auf den Meter genau, digitalen Steuerprogrammen, Infrarotkameras und Fahrtmonitoren war überflüssig geworden, daß irgend ein Rudergänger noch selbst etwas von der See wirklich sehen mußte. Besser war es, wenn er bei der Fahrt seines künstlichen Schiffes nicht von der störenden natürlichen Umwelt abgelenkt wurde. Aber auf der Gigantic gab es eine Brücke, einen gläsernen Baukörper auf halber Höhe des Aufbaus, davorgesetzt wie ein Eisenbahnstellwerk und über seine ganze Breite, denn in der Legende der Titanic spielt dieser Raum eine große Rolle. Und die Gigantic brauchte sie als Bühne. Es war ein „offene Brücke", zu der die Fahrgäste jederzeit Zutritt hatten. Und sie konnten Lueggi zusehen, wie er sie alle versenken sollte, wenn sie es sehen wollten. Dafür gab es eine große, ansteigende Tribüne für mehrere hundert Zuschauer.

Die Fernsehkameras der Begleitschiffe erfaßten das aufkommende Riesenschiff, das von vorn wirklich wie ein Kühlturm aussah. In der Flotte bildete sich eine Gasse. Lueggi konnte den Eisberg weithin sehen; er war von Scheinwerfern hell angestrahlt. Und wie ein Schweizer Lokomotivführer, der beim Zeigersprung vor dem Prellbock zum Stehen kommt, näherte er sich im genau richtigen Zeitmaß dem glitzernden Seefahrthindernis. Der Mann am Mikrofon hatte die Neuigkeit gemeldet, und die Fahrgäste stießen gerade auf die Sichtung des Eisbergs an; dieses Mal waren es weit mehr als siebenunddreißig Sekunden. Auf den Gesellschaftsdecks öffneten Stewards die Seitenfenster, um mit ausgestreckten Netzen und Körben Eisbrocken einzufangen, die sofort in den „Kollisions-Cocktails" verwendet werden sollten. Die Gläser standen auf den Anrichten schon gefüllt da. Atemlose Reporter beschrieben, wie die Gigantic majestätisch durch den Kreis der wartenden Beobachtungsschiffe hereinrauschte. Die Pyrotechniker auf den Kreuzfahrtgefährten hielten die Feuerzeuge bereit; im Augenblick des ersten Wassereinbruchs sollten die Raketen rundherum hochgehen.

Noch nie hatte Lueggi einen Landungssteg verfehlt. Und auch dieses Mal sah eigentlich alles richtig aus. Er hielt erst auf einen Punkt steuerbord vom Eisberg zu, dann legte er leicht Ruder nach backbord, schaltete die Maschinen auf Stillstand, und als das Schiff den richtigen Winkel hatte, ließ er schnell die Motorgondeln zurückdrehen bis auf Endlage rückwärts und die Maschinen wieder auf volle Fahrt schalten. Alle Sichtungen der vorhandenen Videoaufnahmen brachten später die Erklärung nicht, was mißlang; jedenfalls lag die Gigantic auf die Sekunde genau um 23.40 Uhr schräg vor dem Eisberg still, eisern wie angeschweißt zwei Meter vor der kalten Wand, und hatte nicht den geringsten Kratzer. Es hatte kein Geräusch und keinen Stoß gegeben. Vielleicht lag das nicht an einem Navigationsfehler durch Lueggi, sondern einfach an der verbissenen Schweißarbeit der Fachleute von der Werft und den verzweifelten Nachbesserungen am morschen Gefüge der Verbände unterwegs; sie hatten die Sollschlitzstelle so fest mit ihrer Umgebung verbunden, daß sie sich nun gar nicht mehr öffnen ließ, auch nicht mit Gewalt, andererseits federte das weiche Metall darin, anstatt einzureißen. Wie auch immer; der erste Anlauf war vergeblich gewesen.

So bald merkten die vergnügten Fahrgäste nichts davon außer allen, die auf der Brücke mitfieberten. Lueggi stieß eine Seemeile zurück, holte wieder Schwung und unternahm einen zweiten Anlauf. Mit einem Dreihunderttausend-Tonnen-Schiff dauert ein solches Manöver einige Zeit. Dieses Mal verpaßte er eindeutig das Ziel. Aus weniger als zwei Kilometern Anfahrtstrecke genügte der Schwung ganz einfach nicht; der leichte Dampfer blieb hundert Meter davor liegen. Mit einer scharfen Furche auf der Stirn fuhr Lueggi jetzt einfach weiter, schräg am Eisberg entlang, berührte ihn aber entweder gar nicht, oder das Schiff war wirklich unverletzbar. Lueggi legte eine weite Kurve nach Backbord ein und scheuchte dabei die „Obsoletia" vom Liegeplatz, die ja auch gar nicht eingeladen war. In einem weiten Vollkreis, dieses Mal mit fünf Meilen Durchmesser, holte er nochmals aus. Daß inzwischen die Obsoletia mit der rechtmäßig angemeldeten „Hurrican Empress" heftig kollidierte, bekam er nicht mit, und es wäre ihm auch herzlich gleichgültig gewesen. Hier ging es allein um seine Bewährung.

Jetzt wollte er das Hindernis stumpfwinklig, fast frontal rammen, auch auf die Gefahr hin, daß innen sämtliche Möbel umfielen. Und nun endlich, als gar nichts mehr darauf ankam, gab er den Befehl, alle Maschinen einschließlich der gesamten Reserve zuzuschalten. Aber gerade rechtzeitig, um nur noch sanft, aber wenigstens höflich und ohne Schäden spürbar mit der Bugspitze gegen den Eisberg zu stupsen, ging der Gigantic endgültig und für immer der Treibstoff aus. Er war aus Gründen des Umweltschutzes sehr knapp bemessen, denn ein voller Tank sollte nicht mit auf den Meeresgrund gehen, und irgendeine Möglichkeit zum Nachbunkern war nicht eingebaut; die Werft hatte die einzige Ladung Treibstoff für alle Probefahrten und die Reise von vornherein eingeschweißt.

Inzwischen war es halb zwei, die Cocktails waren warm geworden, das Schiff sank und sank einfach nicht, und überhaupt geschah nichts von dem, was man erwartete. Die Fahrgäste fingen an zu murren. Die Stimmung allein sank tatsächlich; nachdem der Tag so anstrengend und vergnügungsreich gewesen war, gingen Aggi und Hubsi zufrieden schlafen, denn der Höhepunkt der Festlaune war ja offensichtlich überschritten.

Alle Techniker und Seeleute an Bord arbeiteten fieberhaft, um das Schiff doch noch irgendwie zum Sinken zu bringen. Lueggi stand mit steinernem Gesicht dabei und sah nur zu.

Aber was tun? Mit Lenzpumpen hätte man den Rumpf auch mit Wasser füllen können, anstatt ihn zu leeren. Aber in ein Schiff, das ausdrücklich sinken sollte, waren natürlich keine eingebaut worden. Bodenventile sind ein beliebtes Mittel für Selbstversenkungen; sie sind eigentlich dafür bestimmt, im Trockendock das Bilgewasser ablaufen zu lassen; ein Schiff, das nie eingedockt werden soll, hat natürlich auch keine Bodenventile. Irgendein gewaltsames Verfahren, den Rumpf zu beschädigen, fiel keinem ein; ein Torpedo hätte vielleicht geholfen, aber ein Kriegsschiff war nirgends in der Nähe.

Die Erklärung gibt vielleicht ein alter Witz – obwohl das eigentlich eine Aussage ist wie der weiße Schimmel, denn Witze sind immer alt, nur vielleicht schon lange nicht mehr erzählt worden: Ein neu entwickeltes Flugzeugbaumuster stürzt bei jedem Versuchsflug ab, weil immer an derselben Stelle die Tragflächen abbrechen. Schließlich, nach Dutzenden von Versuchen und Abstürzen, hört man endlich auf den Rat des Hausmeisters der Fabrik, der empfiehlt: „Perforieren sie die Flügel genau da, wo sie immer abbrechen." Man hat ja nichts mehr zu verlieren. Und wirklich: Das Flugzeug hält; es wird in Serie gebaut und mit Erfolg verkauft. Man belohnt den Mann fürstlich und fragt ihn, wie er darauf gekommen sei. Die Antwort: „Klopapier reißt auch nie an der Perforation." Ganz natürlich konnte also die Gigantic niemals dort ein Leck bekommen, wo man es vorgesehen hatte. Sie war gegen diese Art des Unterganges ganz und gar gesichert. Sinkhilfe war demnach nicht zu erwarten.

Außerdem hatten die Schiffe der umliegenden Neugierflotte inzwischen genug anderes zu tun, und es gab auch untereinander allerhand zu beobachten und mit der angemessenen Anteilnahme zu filmen und zu übertragen. Was nun hier außen herum geschah, wurde eine wahrhaft würdige Feier zu Ehren des größten zivilen Schiffsunglücks bis zum Untergang der Business Queen, das wirkliche Jubiläum, wenn auch das Feierschiff daran gar nicht mehr teilnahm. Die Hurrican Empress war nämlich inzwischen so gut wie untergegangen. Sie war von der Obsoletia derartig voller Wirkung seitlich mittschiffs getroffen worden, daß sie wenige Minuten nach der Kollision vollständig auseinanderbrach. So kaputt, wie sie daher aussah, ließ sie die Obsoletia daneben wie werftneu prangen, und unter abenteuerlichsten Vorkehrungen übernahm man dort die Fahrgäste des Opfers. Bug und Heck des zerteilten Schiffes ragten steil aus dem Wasser, schöner als die zwei Teile der echten Titanic sich jemals gezeigt hatten, denn die war erst unter dem Seespiegel zerbrochen, die Rettungsboote beider Hälften waren nicht mehr einzusetzen oder gar nicht mehr erreichbar, und über allerhand Brücken- und Seilverbindungen gelang es, einige der Passagiere herüberzulotsen. Die meisten stürzten von den schwankenden Hängebrücken allerdings schon beim Klettern ab, unten hielt die Obsoletia darum sämtliche Öffnungen bereit, um Schwimmer aufzunehmen, und gleichzeitig waren ihre Rettungsboote draußen unterwegs und sammelten ein, was noch lebte. Einen Großteil der schwimmenden und treibenden Menschen sog aber die Hurrican Queen mit ihren gewaltigen Lecks einfach durstig in sich ein.

Erst als in die tiefgelegenen Bootspforten der Obsoletia neben klammen, vorläufig geretteten Insassen der Hurrican Queen überraschend Wasser einzuströmen begann, erkannte man bestürzt, daß auch das eigene Schiff am Sinken war. Das war eine ganz neue Lage; was war nun zu tun?

Vielleicht hätte irgendein anderes Schiff der Gigantic mit seinen Pumpen aushelfen können, um sie über lange Schläuche erfolgreich zu versenken, aber die wurden nun dringend anderswo gebraucht, und zwar für die eigentlich angestammten Aufgaben, denen man Schiffspumpen widmet, denn hier wurde nun wirklich gesunken. Außerdem hatte die Gigantic enttäuscht, stattdessen geschah aber außenherum vieles, was für den Fehlschlag mehr als entschädigte, nämlich ein Festspiel echter, ungeplanter Unglücksfälle mit dem Reiz der Überraschung und dem zusätzlichen Vorteil, daß alle Arten von Berichterstattern mit umfassender Ausrüstung zur Stelle waren, um von Beginn bis Ende alles umfassend aufzeichnen zu können. Hier gab es nun echte Tote unter Menschen, die sich nicht dafür angemeldet hatten; es war schön gruselig und gut für hohe Werbeeinnahmen der Fernsehsender. Von so einer Gelegenheit träumt fast jeder Journalist sein Leben lang. Und damit waren die Zuschauer an Bord der übrigen Schiffe jetzt so innig beschäftigt, daß sie den Gastgeber nicht mehr beachteten. So schnell kann etwas aus der Mode kommen, wenn es anregendere Katastrophen gibt.

Weiterhin geschah in dieser Nacht noch Folgendes: Um die Gigantic drehte sich ein Gedränge wie zu Silvester auf der Reede von Madeira, aber ohne Ordnung, denn jeder wollte von seinem Schiff aus die anderen sinken sehen. Plötzlich gab es Notfälle, jeder sollte helfen, aber kein Schiff stimmte sich mit den anderen ab. Und vor allem wollte jeder Kapitän den Havaristen möglichst nahe sein, um seinen Passagieren die beste Schau zu bieten. So rückten sich die Schiffe gegenseitig immer enger aufs Blech.

Als nächstes versuchten nun die „Quasimodo" und die „Desaster 1,5", die Menschen von der überfüllten Obsoletia abzubergen oder auch die Opfer der Hurrican Queen gleich selbst aufzunehmen, denn die Obsoletia sah nicht danach aus, noch lange einen sicheren Boden zu bieten. Die gerade geretteten Fahrgäste durften also zum zweiten Mal umziehen. Geradezu zwangsläufig war, daß die beiden Schiffe, die sich bei ihren zwei gleichzeitigen und gleichen Aufgaben hier herumtrieben, sich in den Weg gerieten und dabei ebenfalls gegenseitig kräftig beschädigten. Zusätzlich kurvten mehrere Beiboote von Journalistenschiffen herum, damit ihre Insassen Nah- und Nächstaufnahmen vom sehr telegenen Untergang der beiden Hälften der Hurrican Queen und von der Endphase einiger persönlicher Ertrinkungsvorgänge machen konnten. Diese Boote fehlten nachher nicht nur bei den wirklichen Rettungseinsätzen; mehrere verunglückten ihrerseits, und zwar zunächst unbemerkt, denn sie waren ja klein. Eins wurde von der Hurrican Queen einfach mit unter Wasser gesogen, und das brachte den Fernsehleuten in der Nußschale nebenan kostbare Live-Aufnahmen im Wasser zappelnder Journalisten, die ihrerseits mindestens in einer Hand irgendein Aufnahmegerät schwenkten und ihren eigenen Untergang dokumentierten, während sie dabei selbst gefilmt wurden. Die Begrüßung von frisch aufgefischten schwimmenden Opfern vor laufenden Kameras lenkte auf einem anderen Fernsehboot von aller nautischen Aufmerksamkeit ab. Unter lauter Fragen: „Wie fühlen Sie sich jetzt?" und „Ist Ihnen kalt?" trieb das Boot in die Schraube der Desaster 1,5, die über der Wasseroberfläche immer noch drehte, und die Zuschauer in den angrenzenden Kontinenten bekamen selten lebensnahe Fernsehaufnahmen von der Zerlegung und dem Untergang des Rettungsbootes zu sehen, einschließlich Zerschnetzelung der Fahrgäste: Ein besonders gewissenhafter Kameramann hatte sein Gerät auf mehreren Schwimmwesten gesichert (er selbst trug keine), und es überlebte sämtliche menschlichen Insassen des Bootes um mehrere Minuten. Posthum erhielt der Mann einen Fernsehpreis. Die Kamera war von bester Qualität; sie filmte sogar noch eine halbe Minute unter Wasser weiter und zeigte dabei die gestochen klare Tiefenansicht unfreiwilliger Schwimmer in allen Abstufungen zwischen wildem Zappeln und vollständig eingetretener Leblosigkeit.

Fürs Auge war etwas geboten; die Desaster 1,5 hatte jetzt auch noch Feuer gefangen, und alles weitere geschah bei romantisch flackernder Beleuchtung, die für das Fernsehen besonders dankbare Wirkungen ermöglichte.

Jetzt setzte sich auch eines der größten Schiffe seiner Zeit in Bewegung, um helfend einzugreifen, aber natürlich auch, um seinen Insassen einen näheren Blick auf diese Originalkatastrophen zu bieten. Die „Millennium IV", ein schwerfälliges Monstrum mit kräftigen Maschinen, näherte sich. An Bord der „Joke Cruiser", eines vergleichsweise zierlichen Fahrzeuges, das genau vor ihrem Bug lag, geriet die nautische Besatzung in Panik. Erst drehte sich das Schiff um 180 Grad auf der Stelle, dann aber entschloß sich der Kapitän, achteraus auszuweichen. Und gerade dorthin schwenkte gemächlich das Vorschiff der Millennium IV, nachdem man dort wußte, daß man auf dem kurzen Abstand doch nicht mehr zum Stillstand kommen konnte. Durch ein solches gleichseitiges Ausweichmanöver war es schon zum klassischen Untergang der Andrea Doria gekommen; Bewährtes kann man immer wieder neu beleben. Das

Ergebnis war eine schwache Schlangenlinie, und die Joke Cruiser wurde einfach untergepflügt.

Das lenkte auf der modernen Innenbrücke der Millennium IV hinreichend ab, um sämtliche Videokameras auf die aufsteigenden Blasen beiderseits zu richten und sich um das Seegebiet klar voraus gar nicht mehr zu kümmern. Dort brannte die Desaster und inzwischen die Quasimodo auch, denn sie klemmten ineinander, und das Feuer war übergesprungen. Auf diesen beiden Schiffen hatte man gerade die anspruchsvolle Aufgabe, einen Zwiespalt zu lösen: Um die Brände zu löschen, hätte man Wasser in die Rümpfe hineinpumpen müssen, um die Schiffe schwimmfähig zu halten, wiederum hinaus. Verschiedene Versuche wurden unternommen, sämtlich allerdings nur halbherzig. So konnte man zum Beispiel das Wasser, das man dem einen Schiff entnahm, ins andere pumpen. Man konnte auch überlegen, daß ein Schiff nur so lange brennt, wie es noch treibt, also es zuerst sinken und dann brennen zu lassen. Umgekehrt ist weniger übrig, was sinken könnte, wenn alles schon ausgebrannt ist; auch dafür sprach einiges. Wer von Bord wollte, sprang währenddessen lieber selbst ab, denn vor lauter Einsatzplanung dachte niemand mehr daran, die Boote auszubringen. Diese Lage änderte sich nun aber grundlegend, denn die Millennium IV brach mit voller Fahrt mitten in den Brandherd hinein und verwirrte die Lage zusätzlich ganz erheblich.

Auf dem Presseschiff „Atlantis" war man von diesen Vorgängen und der Möglichkeit einer so packenden Fernsehübertragung derartig abgelenkt, daß durch einen Bedienungsfehler auf der Brücke die Trimmtanks versehentlich falschherum gepumpt wurden und das Schiff urplötzlich kenterte. Auch hiervon gibt es in den Archiven derartig glanzvolle Aufnahmen mit so lebensechter Kameraführung, sogar von Bord des umkippenden Schiffes selbst, daß die Fachwelt noch immer davon redet. Immerhin waren geübte Profis an Bord. Was macht ein Journalist, der schwankt, ob er sich retten, drehen oder irgendwie nach Möglichkeit beides miteinander vereinbaren soll, und sich bis zu seinem letzten Atemzug nicht entscheiden kann? Er rettet vor allem das, was ihn am besten überlebt, nämlich seine Aufnahmen. Hierzu sind bei dieser Gelegenheit fesselnde Dokumente entstanden.

Die „Nausea", deren Führung vernünftig genug war zu versuchen, sich aus dem Schlachtfeld zu entfernen, geriet zwischen die beiden Kollisionsknoten, die durch die immer noch laufenden kräftigen Maschinen der Millennium IV aufeinandergeschoben wurden, und fand sich wie in einer Schrottpresse längs zusammengedrückt. Als nun schließlich ein gemeinschaftlicher, alles umfassender Altstahlhaufen entstanden war, griff das Feuer nach und nach auf alle beteiligten Schiffe über. Das letzte unbeschädigte Fahrzeug, die „Mondfee", schrammte beim Fluchtversuch den Eisberg genau so, wie die Gigantic es hätte tun sollen, und ging ebenfalls unter, fast für sich allein und kaum bemerkt, denn alle Kameraleute hatten sich auf den brennenden Wracks und in den Booten im engeren Umkreis versammelt. Die wenigen Rettungsboote, die wirklich nur zum Retten eingesetzt wurden und freikamen, steuerten die Gigantic vergeblich an; dort gab es keinerlei Einrichtungen, um irgend einem anderen Schiff zu helfen. Und es gab auch niemanden mehr an Bord, der sich um die Außenwelt kümmerte. Also blieb den Besatzungen kaum etwas anderes übrig, als von einem Wrack zum anderen zu fahren und das jeweils gerade sinkende wieder zu verlassen, um sich anderswo ein Plätzchen zu suchen, das vielleicht noch eine halbe Stunde länger schwamm. Die Rettungsboote waren im allgemeinen schlecht

140

beleuchtet und versenkten sich bei diesem Pendelverkehr in großen Zahlen gegenseitig. Dadurch wurde die Menge bootloser Schwimmer immer größer, bis sie sich auf dem natürlichen Weg des Frostes und der Atemnot allmählich wieder verringerte, und mehrere von vorübergehend noch lebenden Schiffbrüchigen gestürmte Boote gingen, von den Menschentrauben hinabgezogen, auch sehr schnell unter.

Am Morgen schwammen außer der Gigantic noch drei ausgeglühte Wracks und kieloben ein paar leere Rettungsboote. Insgesamt kostete diese Nacht über 17.000 Menschen das Leben und ging als die größte Katastrophe der zivilen Seefahrt in die Geschichte ein. Damit verbunden waren die erste Live-Übertragungen von sinkenden Schiffen aus. Die Zahl der Überlebenden, die am Ende sicher an Land gesetzt wurden, betrug ohne alle Insassen der Gigantic nicht ganz 1300. Übrigens sollen am nächsten Tag rund um die Erde in allen Werften große Freudenfeste gefeiert worden sein; diese Massenvernichtung von Tonnage ließ auf satte Neubauaufträge hoffen, und seither gilt der Tag, an dem die Titanic gesunken war, als Feiertag der Schiffbauwirtschaft. An den Börsen sprangen Werftaktien jubelnd in die Höhe.

Auf der Gigantic bekam man von alledem so gut wie nichts mit. Die Fahrgäste waren betrunken und allmählich immer schlechter gelaunt, und auch die Besatzung war nur noch zum geringsten Teil nüchtern geblieben; alle hatten ja damit gerechnet, nicht mehr gebraucht zu werden, und niemand fühlte sich zum dienstlichen Einsatz aufgerufen. Erst im Lauf der Nacht griff ein Notdienst um sich, da man ja nun vorläufig weiterleben mußte, und die Leute wurden wieder neu eingeteilt.

Um die schlechte Stimmung zu besänftigen, beschloß man im Chefstewardbüro, trotz allem jetzt den Kaffee mit dem berühmten Zucker auszuschenken. Griesgrämige Greise standen grantig grollend umeinander herum mit Tassen in der Hand und tranken – die Wirkung war, wie üblich auf Kaffee, daß die meisten von ihnen wieder ziemlich nüchtern wurden und gleich doppelt so übel gestimmt, aber sonst geschah nichts weiter. Lucy Jordan warf ihre Tasse laut klirrend in eine Ecke. „Ich hab' doch gewußt, daß wieder alles schiefgeht!" Kein Zyankali wirkte; der Zucker schmeckte noch nicht einmal nach bitteren Mandeln. Irgend etwas war auch hier wieder schiefgegangen. Morgan fluchte: „Jetzt muß ich mich auch noch selbst umbringen!"

Einzig die uralte abenteuerlustige Dame stand einsam an der Reling des höchsten Decks, schwelgte im Panorama und seufzte und stöhnte voller Genuß. Das, was sie nun sehen durfte, versöhnte sie mit den paar Jahren, die ihr nun doch noch blieben, denn in diesem Rest ihrer Zeit hatte sie mehr zu erzählen, als sie jemals loswerden konnte. Es war wirklich der einmalige Höhepunkt ihres Lebens.

Wahrscheinlich kann man sich kaum vorstellen, wie belämmert eine Reisegesellschaft schließlich auseinandergeht, die vorhatte, sich gemeinsam festlich umzubringen, und sich nüchtern und lebend wiederfindet. Das Ende dieser Nacht war von einer unbeschreiblichen Peinlichkeit ertränkt. Keiner sah den anderen mehr an, alle schlichen mit betretenen Gesichtern in ihre Kabinen und dachten über alles nach, was sie in den letzten Tagen unternommen hatten und nicht mehr rückgängig machen konnten.

Irgendwann hörte man auf der Brücke einen Knall. Später fand man Ernst Lueggi tot auf. Er hatte sich erschossen. Und er blieb das einzige Todesopfer der Gigantic während ihrer Reise, denn die Toten im Hubschrauber waren ja von Bord geflogen. Lueggi hatte wirklich diesen Platz nicht mehr lebend verlassen.

Am Morgen trieb eine strahlend weiße Gigantic neben dem nicht ganz so weißen Eisberg und drei schwarzen, noch schwimmfähigen Brandruinen. Aggi und Hubsi gehörten zu den ersten, die wieder an Deck erschienen und ihr Frühstück erwarteten. Ein Steward mit rotgeränderten Augen bediente sie wortlos.

„Das muß ja noch zugegangen sein", meinte Hubsi. Die rauchenden verbrannten Schiffe draußen hielt er für Überreste einer Kulisse. Hubschrauber und Hilfsschiffe waren daran beschäftigt, wahrscheinlich, um alles wieder abzuräumen, deutete er. Das Innere der Gigantic war fast schalldicht; was draußen vorgefallen war, hatte kaum jemand an Bord mehr mitbekommen, und wer etwas gehört hatte, nahm an, es sei Fest, Feier und Feuerwerk gewesen.

„Na ja", fand Aggi, als die ersten gebeugten Altersgestalten im Speiseraum auftauchten und sehr vergrämt aussahen, „man kann sich nicht wundern, wenn so alte Leute derartig auf den Putz hauen. Die vertragen das eben doch nicht mehr."

„Sch...-Schiffskatastrophen!" knurrte die Alte dieses Mal, die neulich so begeistert ihr Wissen kundgegeben und noch nachts verzückt an Deck gestanden hatte. Sie hatte sich mit dieser Orgie vorläufig übernommen. Seit der letzten Nacht hatte sie ihr verbleibendes Geld gezählt, und Magen wie Galle nahmen ihr das Essen vom Vorabend übel. Sie brauchte noch eine Weile, bis sich der Kater und die Schmerzen der Völlerei verzogen und die Erkenntnis durchsetzte, was sie wahrhaft erlebt und gesehen hatte.

Alles geschah heute mit Verspätung, aber die Besatzung war professionell genug, den Bordbetrieb wie gewohnt aufrechtzuerhalten. Die Mannschaften fühlten sich im Leben nach dem Leben. Es gab ein Tagesprogramm, sogar mit einer kurzen Gedenkveranstaltung zum hundertsten Todestag der Titanic-Opfer. Und die Schiffszeitung kam spät genug heraus, um schon die erste Schlagzeile zu kennen: „Kaffeehauskatastrophe in Wien". Dort hatte es massenweise plötzliche Todesfälle durch Vergiftungen gegeben. Die Polizei hatte erst einmal sämtliche Cafés geschlossen, um ermitteln zu können, ohne daß weitere Opfer zu befürchten waren. Bald stellte sich heraus, daß ausnahmslos jene Häuser betroffen waren, die ihren Zucker von einem bestimmten Lieferanten zu beziehen pflegten. Dies war genau jene Firma, die auch die Titanic ausgestattet hatte. Nachdem ebenfalls in Wien ein Angestellter des Zucker-Verpackungsbetriebes mit dem bekannten Auftrag der Black-Star-Reederei festgenommen worden war, weil er entgegen dem Vertrag mehr Original-Gigantic-Papier gedruckt hatte, um die überzähligen Würfel auf eigene Rechnung an Sammler zu verkaufen, ahnte man an Bord schnell einen Zusammenhang; was hätte sonst die Bordredaktion der Gigantic bewegen sollen, über giftige Wiener Cafés zu berichten?

Aggi und Hubsi verstanden nur den Skandal mit dem Papier; sie wußten ja nichts vom Gift. Die österreichische Polizei fand die Verbindung dagegen ziemlich schnell: Bei den Schiebereien um das überzählige Papier hatte der Schieber übersehen, daß es beim Hersteller des Süßungsmittels zwei Stapel Zuckerwürfel gab, nämlich einen mit und einen ohne Kalium-Zyanid. Und da er für die Verteilung der Lieferungen zuständig war, andererseits nicht wußte, was ihm vorlag, dachte er sich nichts dabei, beide Stapel zu verpacken statt, wie vorgesehen, nur den

144

einen, und den vorderen zuerst auszuliefern. Wegen der nötigen Heimlichtuerei, um die unzulässigen Papierchen abzuzweigen, verständigte er sich natürlich nicht mit seinen Vorgesetzten. Zwei Möglichkeiten gab es, und der Täter erwischte die falsche; in das neutrale Papier gerieten die Giftwürfel. Und in Wien vergifteten sich Hunderte von arglosen Kaffeehausgästen mit Gigantic-Selbstmord-Zucker. Auf dem doppelt gedruckten Zuckerpapier blieb der Täter dadurch natürlich sitzen, weil er selbst sitzen mußte, und später vernichteten es die Behörden, natürlich nicht ohne daß einige Beamte sich davon Anteile sicherten. Die übriggebliebenen Original-Gift-Würfel im falschen Papier, nämlich dem für die Wiener Cafés, wurden dagegen später hochbezahlte Sammlerstücke. Das führte Jahre später nochmals zur Katastrophe, als spielende Kinder eines hortenden Reliquienfreundes einen Vorrat davon, eine ganze noch originalverpackte Kiste, in der heimlichen Kammer entdeckten und für den Zucker hielten, als der die Würfel beschriftet waren. „Ui – das ist doch der Zucker von dem Schiff, das nicht kaputtgeht!" Es war so viel, daß sie in seltener Anwandlung von Kameradschaft die vollständige Besatzung zweier Schulklassen zum heimlichen Naschen beriefen. Sie alle, 63 Kinder, sind wahrscheinlich die bisher letzten Opfer der Gigantic-Katastrophe, dazu der Eigentümer der Sammlung, der einen der letzten verbliebenen Würfel schluckte, und niemand konnte sagen, ob eher aus Kummer über die toten Kinder, an deren Ende er mitschuldig war, oder aus Verzweiflung über den Verlust seines unersetzlichen Giftschatzes.

„Verstehst du, warum Zucker für Schiffsfahrgäste auf Wiener Kaffeehausbesucher giftig wirkt?" fragte Aggi aber ihren Hubsi noch Jahrzehnte später immer wieder.

bedauerlich

Der Schlepper, der den Eisberg hergezogen hatte, versuchte nun, die Gigantic wegzubefördern. Nach einer schlaflosen Nacht und heftigen Beratungen hatten McDowell-Ismay und Morgan gemeinsam beschlossen, ihr nutzloses Schiff zumindest erst einmal nach New York abzuschleppen, denn man konnte es mit allen seinen noch lebenden Insassen unmöglich lassen, wo es jetzt war. Die Leute hatten Nahrung für vielleicht noch zwei bis drei Tage, keinen Zyankali-Zucker, um sich auf anständige Weise umzubringen, und versenkbar war das Schiff schon überhaupt nicht. Mit der Schleppfahrt konnte man zumindest Zeit gewinnen, denn man zeigte, daß man etwas unternahm. Dann konnte man immer noch weitersehen. Der publikumswirksame Untergang war vertan, denn der einzige Stichtag war vorbei. Außerdem tat die Black Star Shipping gut daran, nach der Katastrophennacht nicht von noch weiteren möglichen oder geplanten Schiffsunfällen zu reden. Und wie sich zeigen sollte, konnte Ismay sich die Mühe wirklich sparen, seinem Unternehmen noch zu schaden.

Auch das Schleppmanöver war ein schwieriges Unterfangen. Die Gigantic hatte keine einzige Trosse mehr an Bord, und da auch kein offenes Vordeck vorhanden war, gab es keinen Platz, eine entgegenzunehmen. Mit allerhand Spielchen erfand man schließlich ein Verfahren; die Leine mußte der ganzen Länge nach durch das Gesellschaftsdeck gefädelt werden, um sie an den Ort zu bringen, wo sie gebraucht wurde. Der zweite Eisbergschlepper gesellte sich dazu, und gemeinsam brachten sie das prächtige Riesenschiff recht zügig von der Stelle – und natürlich auch ziemlich einträglich für die Bergungsreederei, der die Schlepper gehörten.

Niemand, der eine Ahnung hatte, wußte, ob die biegsamen Verbände des Schiffes eine Schleppfahrt überstehen konnten. Das mußte man einfach abwarten, eine andere Wahl hatte man nicht. Vielleicht bekam die Gigantic die gewünschte Katastrophe ja nachträglich doch noch geschenkt, allerdings ohne Giftzucker und etwas lebensechter. Das hofften einige Journalisten, die von Schiffsuntergängen immer noch nicht genug hatten, aber niemand sagte es laut.

Später gab Black Star noch mehr Geld aus, um die Vorräte zu ergänzen; das ging natürlich nur aus der Luft mit Hubschraubern auf dem Sonnendeck. Man mußte die unfreiwilligen Überlebenden zumindest leiblich bei Laune halten.

Aggi und Hubsi hatten wohl recht gehabt; der Tag des eigentlichen Gedenkens verlief in recht getragener Stimmung, und überhaupt war nach dem Höhepunkt des Festaktes alles nur noch ein ruhiger Ausklang. Aber anders hätten sie es beide nicht erwartet; sie waren nicht enttäuscht. Das Essen war weiterhin gut, und daß offenbar eine Maschinenpanne die Fahrt verlangsamte, konnte sie nicht weiter betrüben. Sie genossen einen besinnlichen Ausklang. Das Wetter blieb schön, wenn auch noch ziemlich kalt. Die Fahrgäste hatten sich allgemein anscheinend übernommen; auch das war bei diesen alten Leutchen kein Wunder. Jedenfalls war das ganze, vorher so freundliche und lustige Volk auf einmal ziemlich wortkarg. Und als Hubsi den Scherz von neulich mit fünf Tausender-Scheinen umkehren wollte, nahmen mehrere der damaligen Spender die Gabe wortlos, aber anscheinend ziemlich dankbar entgegen. Offenbar hatten sie sich doch überschätzt; Hubsi versuchte vorsichtshalber nicht mehr, noch etwas zurückzugeben. So, wie sie jetzt dastanden, hatten sie mit der Reise immer noch ein sehr gutes Geschäft gemacht. Das Kasino war plötzlich wie verwaist. Aus einem Gefühl heraus betrat Aggi es auch nicht mehr. Merkwürdig, wie fünftausend Menschen so kollektiv dieselbe Stimmung vertreten konnten. Aber bis sie selbst in dieses Alter kamen, konnten sie ja noch viel dazulernen. Sie hielten sich jetzt zwischen den Mahlzeiten mehr in der eigenen Kabine auf und stellten dabei fest, daß die meisten Gegenstände darin sehr schnell Gebrauchsspuren angenommen hatten. Nun ja, bis New York sollte die Pracht wohl noch reichen.

Aber in dieser Langeweile brauchten beide eine Beschäftigung. Aggi nahm sich ein paar Katastrophen-Bücher vor, von denen die Tischgenossin besonders geschwärmt hatte, solche mit ausgesucht grausigen und blutigen Einzelheiten, und vertiefte sich darin. Und Hubsi packte seinen Taschencomputer aus, den ein Geschäftsmensch wie er immer im Gepäck trug, und spielte mit seinen neuen Kenntnissen. Tatsächlich, eine geheime Nummer nach der anderen, ein Passwort über das nächste bewährten sich, als er im Netz stöberte. Er warf seinen Blick in verbotene Konten und dachte kurz nach. Dann meinte er: na und. Zu sehr durfte es nicht auffallen; er konnte nicht vollständig abräumen. Aber nach und nach zog er sich die Millionen zusammen. Überall, je nach Stand der Dinge, nahm er sich zwischen zehn und zwanzig Prozent herunter und hinterließ bei der Buchung: „Schutzgeld fürs Finanzamt". Mochten die Herrschaften denken, was sie wollten. Wie er ein Zielkonto einrichtete, unauffindbar und sicher vor jeder Steuer, hatten ihm die Inhaber selbst ausführlich erzählt. Nun beutete er den Leichtsinn der alten Leute aus und hatte noch kaum ein schlechtes Gewissen dabei.

„Was machst du denn da?" fragte Aggi zwischendurch.

„Uns reich", sagte er nur und spielte weiter. Er glaubte noch kaum, wieviel Geld durch Schieberei zusammenkommen konnte.

Aggi grunzte nur: „Ach, du schon wieder", und las hingegeben weiter von untergehenden Schiffen. Na, das wollte er ihr nun zeigen! Und mit um so mehr Ehrgeiz kramte er weiter in fremder Leute Geld. Das mußte genug sein, um endlich die eine große Firma gründen zu können, von der sie für den Rest des Lebens ihr Auskommen sichern konnten.

*

Unter Deck hatte man die Hoffnung nicht endgültig aufgegeben, die Gigantic doch noch zu versenken. Man war den teuer zahlenden Fahrgästen diese Leistung schuldig geblieben. Kein Motor lief mehr, der nötige Strom wurde über Kabel von den Schleppern zugeführt und kostspielig abgerechnet, und es gab nicht mehr viel zu tun. Die Matrosen lebten alle noch und hatten nun keine sinnvolle Aufgabe mehr. Das Leben war wieder öde geworden wie vor der Reise. Und ehe sie sich in ihr neues Dasein fanden und stolz darauf waren, wie meisterhaft sie dieses hinfällige Schiff über Wasser gehalten hatten, waren sie erst einmal dabei, ihren Auftrag weiter zu verfolgen, für den sie angemustert hatten und mit dem sie hatten ehrenvoll untergehen wollen. Es war eine Sache des Pflichtgefühls um einer verdienstvollen Aufgabe willen, zu der man sich mit dem Wort gebunden hat, um sie vorbildlich zu erledigen, und vorher kommt man nicht zur Ruhe, schließlich auch gegen alle Vernunft.

Einzelne Matrosen wurden gesehen, wie sie mit einfachen Bohrmaschinen aus dem Werkzeugvorrat auf eigene Faust versuchten, die Bordwand wasserdurchlässig zu machen, bis die Spitzen der

Geräte stumpf geworden waren oder abbrachen. Andere schöpften mit Eimern an langen Seilen die See zu sich herein, brachten aber nichts weiter zuwege als flache Pfützen, die durch die Wärme der Heizung schnell wieder verdunsteten und die Luft der Klimaanlage angenehm und gesundheitsfördernd befeuchteten.

Dann trafen sich wieder alle unter der Führung des Leitenden Ingenieurs zu einer Beratung, wie sie die Wünsche der Fahrgäste immer noch erfüllen könnten. Sie steckten die Köpfe über den Entwurfszeichnungen der Werft zusammen und suchten Auswege, wie dem Wasser Zutritt zur Gigantic zu gewähren war. Jemand überlegte sogar, ob man aus Bordmitteln Sprengstoff basteln könne.

Aber so sehr auch alle nach Möglichkeiten suchten, diesen Rumpf zu durchlöchern und mit dem Atlantik zu füllen, bei aller Mühe fanden sie nirgends eine Lösung.

Am Ende taten ein paar von ihnen etwas, das vor der Zeit Lueggi befürchtet hatte: Sie zündeten einen Lagerraum für Ersatzpolster an, mit denen bei Bedarf die altertümlichen Sitzeimer in den Gesellschaftsräumen ausgebessert werden konnten. Die Kollegen sahen sich das mißtrauisch an, aber niemand verhinderte es. Das war ja immerhin eine Möglichkeit.

Zyankali-Zucker war nicht an Bord, aber das war nun nicht die Frage, an der das Unternehmen scheitern durfte. Die Leute konnten sich mit den reichhaltigen Vorräten guter Getränke betäuben wie die versunkenen Verkünder der Titanic-Offenbarung, denn davon war noch immer genug vorhanden. Der Chefsteward und seine Mitarbeiter bereiteten schon brav und heimlich ein neues Fest vor, das die armen Überlebenden trösten und ihnen das Ziel nun noch bringen sollte. Es war zwar nicht mehr die Feier der alten Titanic, aber am Ende konnte man vielleicht immer noch eine neue Legende für die Zukunft daraus anstiften.

Aber die Vorräte brennbarer Möbelkissen waren ebenfalls begrenzt, denn man hatte nicht damit gerechnet, daß in den wenigen Tagen sehr viele der Altersheim-Sessel durchgescheuert werden könnten; es kokelte und stank grauenhaft in den unteren Räumen des Schiffes, aber die vollautomatische Löschanlage des Schiffes sprach in einer halben Minute an und erstickte den Schwelbrand in dichten weißen Wolken, die stundenlang noch schlimmer dufteten. Dieses Schiff hatte sinken sollen; gegen jeden anderen Unfall war es hervorragend abgesichert. Lueggis Befürchtung war unbegründet gewesen.

Und die Stewards auf den oberen Decks, die jeden Fahrgast mit einer letzten Schnapsflasche ausstatten sollten, damit er sie in einem Zug leeren konnte, schlichen sich enttäuscht in ihre Bars zurück und verrieten kein Wort. Vorher angekündigt war nichts, dann man hatte schon seine Erfahrungen mit diesem Schiff und wollte mit keinen leeren Versprechungen mehr prahlen; jetzt verkroch man sich beschämt.

Die provisorische Schiffsführung versuchte es weiter damit, die Trimmtanks einer Seite vollständig zu leeren und die gegenüberliegenden bis zum Rand zu füllen, damit man vielleicht kentern konnte; bei einem so behäbig zugeschnittenen Dreirumpfschiff bewirkte das gerade zwei Grad Krängung (Schräglage), die von den Fahrgästen noch nicht einmal bemängelt, noch weniger freudig begrüßt wurde. Kaum jemand merkte überhaupt etwas, denn die meisten Menschen haben auf einem Schiff nicht die Vorstellung, daß es immer auf völlig ebenem Kiel liegen müsse, und wundern sich nicht so schnell über Abweichungen.

Der gute Wille zum bösen Ende war immer noch da, und die arbeitslos gewordene Besatzung schuftete so fleißig wie vorher, als man die Gigantic noch über Wasser zu halten hatte. Das Gegenteil war nun weit schwieriger. Die Fahrgäste erfuhren nichts davon; man unterstellte, daß sie den ganzen Einsatz erwarteten. Die meisten von ihnen taten es wahrscheinlich wirklich, denn sie wußten nicht, was sie nach der Landung mit sich anstellen sollten.

Vor allem Morgan war ständig in den unteren Räumen unterwegs und suchte eine Lösung; seine Ehre sah er darin verkörpert, daß dieses Schiff New York nicht erreichen durfte. So wenig am Ende der Untergang noch mit dem der Titanic zu tun hatte, war er doch eine Frage des Grundsatzes geworden. Siebentausend Selbstmörder vertrauten auf die Black-Star-Reederei, und wieder an Land mußten sie eine unangenehme Last werden, wenn sie sich erst verstreuten und den Ruf des Mißerfolges um sich verbreiteten.

Und so berieten die Matrosen mit dem Inhaber des Geldes der Reederei in der kurzen verbleibenden Zeit verzweifelt, wie sie ihre Pflicht noch tun konnten, bis sie endlich einsahen, daß sie vorher zu gut gearbeitet hatten; sie waren für ein wirklich unsinkbares Seefahrzeug verantwortlich geworden. Und endlich, als sie keinen Ausweg fanden, sich samt Schiff doch noch auf den Grund zu schicken, fingen sie widerwillig an, stolz darauf zu werden. Die hart erkämpfte Leistung, dieses Gefährt gegen jede Versenkung abzusichern, hatte ihnen noch nie jemand vorgemacht. Es gab eine bedrückte Betriebsversammlung, auf der sie alle, nur mit der Gegenstimme von Morgan, schließlich die weitere Arbeit aufgaben, das zu zerstören, was sie vorher angerichtet hatten, und vor der Landung in New York feierten sie in tapferem Entschluß ein großes Fest ganz unten im Schiff, mit dem sie ihre eigenen Verdienste endlich anerkannten und sich in ihnen mit dem weiteren Leben abfanden. Immerhin hatten sie ja etwas geleistet und waren nicht mehr nutzlos auf der Welt.

Und Morgan schlich sich beleidigt von hinnen in seine Eignersuite, wo er grimmig vor sich hinbrütete.

*

Nach den vielen Rätseln dieser reifen Bordgesellschaft bescherte sie Aggi nun noch ein weiteres. Denn auf einmal, aber nun alle zugleich kamen die lüsternen alten Herren doch mit Geld. Alle, die sie bisher schon bedrängt hatten, meldeten sich nun wieder bei ihr und schoben ihr Scheine und unauffällige Umschläge zu mit Erklärungen wie: „Das werden Sie wahrscheinlich brauchen können für Ihr weiteres Leben", oder „Unter uns Schicksalsgenossen" und „Wir müssen ja sehen, wie wir nun weiterleben". Sie alle hatten eine merkwürdige Melodramatik an sich, vielleicht ja eine Art von Peinlichkeit, weil sie womöglich dachten, sie könne sich schämen, Geld anzunehmen; sie verstand es nicht, aber wichtig war allein, daß sie nun endlich etwas bekam. Und alle drängten sich um sie. In unerklärlicher Weise sahen sie mitleidig aus. „Was immer Sie hier an Bord gebracht hat, machen Sie's gut an Land." – „Vielleicht nützt es Ihnen noch ein bißchen."

Sie verschenkte an alle schmelzende Augenaufschläge. „Das wäre doch wirklich nicht nötig gewesen", log sie, „na, endlich, das war ja höchste Zeit", dachte sie dazu. In der Suite zählte sie gierig. Nun konnte sie sich mit Hubsi wieder vergleichen. Aber wie sollte sie es ihm erklären? Wenn eine Frau Geld bekam, war es immer verdächtig, und heimtückische oder peinliche Geheimnisse ihrer Gönner, die es erst noch bringen sollten, hatte sie nicht herausbekommen. Also beschloß sie, die Zuwendungen erst einmal auf ein verschwiegenes eigenes Konto zu legen und, falls überhaupt, erst langsam mit der erschwindelten Erklärung als spätere Ergebnisse schlauer Befragungen nach Hubsis Art ins Familienvermögen abzuleiten. Aber womöglich konnte es klug sein, eine eigene Mogelkasse im Hintergrund zu behalten. Hubsi mußte weiterhin nicht alles erfahren. Er durfte gern denken, er allein ernähre die künftige Familie. Wichtig war ihr nur, für sich zu wissen, was sie geleistet hatte.

*

Die verzerrten Umrisse des unversenkten Jubiläumsschiffes hielten die Schleppstrecke nicht nur überraschend gut aus, sie schienen sich im Gegenteil hinter den Trossen eher wieder glattzuziehen; die ganze Fahrt ging klaglos vorbei.

Als sie in New York eingeschleppt wurden, stand am Kai eine große Menschenmenge. Aber nein; sie fuhren weiter, zur nächsten Pier. Sie waren gar nicht gemeint gewesen. Aber was war los?

„Sicher wieder ein Schiffsunglück", meinte dieselbe Alte, die ihre Vorliebe für so etwas seit ihrer ersten trüben Verstimmung schnell wieder entdeckt hatte und sichtlich aufgeblüht war. Sie sollte recht behalten. Die Zeitungen in New York hatten nur eine Schlagzeile. Niemand hatte sich mehr um die Eisberge vom Platz des Titanic-Festes gekümmert, vor lauter neuen Katastrophen hatte man sie schlicht vergessen. Aber noch immer verlief hier die Haupt-Schiffahrtsstraße. Die „Sonnenbrand" war in der Nacht, nachdem die Gigantic den Schauplatz verlassen hatte, auf ihrer Überstellungsfahrt von der Karibik nach einer Zwischenlandung in New York zum europäischen Sommer-Fahrtrevier entlanggefahren und hatte unfreiwillig die Kulisse gefunden. Das

154

war ihr Verhängnis. Dieses Mal waren es nur ein paar hundert Tote, denn die Rettungsmittel waren in gutem Zustand; auf das Schiff mit den Überlebenden warteten die Zaungäste im Hafen.

Die beiden Eisberge wurden übrigens kurz danach vorsichtshalber gesprengt. Dabei ging eines der Einsatzschiffe mit in die Luft. Ein Pressedampfer, der den Vorgang beobachtete, wurde von einem großen Bruchstück getroffen, fing Feuer aus seinem geknickten Schornstein und sank. Da man die Hauptsendezeit für das Rettungsmanöver abwarten wollte, war die Hälfte der Rettungsboote an der Bordwand bereits unter Wasser, als man anfing, die Fahrgäste geordnet von Bord zu schicken. Während der Eingriffe des Regisseurs ging die „News Explorer" vollständig unter, und das zweite Sprengschiff konnte nur noch einen kleinen Teil der im Wasser treibenden Reporter lebend aufnehmen. Deren Ausbeute an Aufnahmen blubbernder, röchelnder Fachkollegen, die krampfhaft ihre Kameras über Wasser hielten, während sie selbst schon unter der Oberfläche zappelten, gehörten zwar zum Besten, was die Fernsehzunft jemals liefern konnte, aber das Publikum war inzwischen derart übersättigt von Schiffsuntergängen, daß die Einschaltquoten nur noch in der Größe einer privaten Vorführung von Urlaubsdias blieben. Seither gelten Seekatastrophen als ausgesprochene Langweiler unter Journalisten, und Hollywood wird den einstmals beliebten Titanic-Stoff wohl die nächsten Jahrzehnte lang unberührt liegen lassen müssen.

Auch über den mißlungenen Versenkungs-Versuch berichtete nach dem ersten Schwall niemand mehr, denn keiner wollte das lesen oder sehen, nachdem so viel größere Katastrophen geschehen waren. Darum hat unser Pärchen später nie etwas darüber gelesen, auf welcher Art von Reise sie beide ahnungslos mitgefahren waren.

*

Beim Ausstieg stieß James verstohlen Aggi an.

„Du hast mich gerettet, auch wenn du es nicht weißt. Jetzt habe ich ein pralles Leben vor mir. Das hätte ich nie für möglich gehalten. Ich wünsche dir alles Gute; was du auf dem Schiff gesucht hast, weiß ich nicht, aber vielleicht könnt ihr beide das hier noch brauchen. Und alle Hochachtung vor deinem Lebensgefährten."

Er schob ihr einen bescheidenen Umschlag zu, dann verdrückte er sich auffallend schnell in der Menge.

Hubsi sah sich mißtrauisch um.

„Ich hoffe, sein Geheimkonto", sagte sie geistesgegenwärtig.

Als Aggi und Hubsi von Bord gegangen waren und sich noch ein letztes Mal umdrehten, um von der Gigantic Abschied zu nehmen, verschwand sie aus ihrem Leben. Sie sollten nie wieder etwas von ihr erfahren. Das Gespann Morgan – McDowell-Ismay wäre sicher froh darum gewesen, wenn das Leben beiden diese Möglichkeit auch geboten hätte. Gegen die Hochhäuser von Manhattan sah sogar das Riesenschiff nur noch mittelgroß aus. Es erschien aber immer noch neu, halbwegs stattlich und einladend.

Im Hotelzimmer öffnete Aggi zuerst heimlich die Gabe von James. Jawohl, es war zwar kein Geheimkonto, aber eine Schenkung wahrhaft öffentlich wohltätigen Ausmaßes. Na bitte! Sie verstand nun noch weniger als vorher, aber warum muß man etwas verstehen, wenn man es gut brauchen kann? Ärgerlich war nur, daß sie den Inhalt Hubsi nicht verheimlichen konnte, denn er hatte den Vorfall gesehen. Die schriftliche Anmerkung war vor ihm unverfänglich, wenn auch ebenfalls nicht zu verstehen: „Dem Heldenpaar mit allen guten Wünschen für so viel Zukunft, wie noch möglich ist." Hauptsache, die Summe stimmte, und das tat sie entschieden.

Dann genossen die beiden ein paar Tage lang New York und flogen zufrieden zurück. Die Black Star zahlte überraschend anstandslos die Rückreise; fast hätten sie es nicht bemerkt. Man drückte ihnen den Flugschein beim Abschied im Foyer in die Hand, und wenn nicht Hubsi zufällig auf den Zettel gesehen hätte, dann wären sie gar nicht darauf gekommen, was ihnen zugeschoben worden war. Sie konnten ihre Scheine, die sie vorsorglich selbst gekauft hatten, also zurückgeben und das Geld wieder einstecken. Ismay tat alles, um die enttäuschten Selbstmörder friedlich zu stimmen. Er hatte gerade genug Ärger mit Morgan auszustehen, um sich nicht noch mehr von anderen Beschwerdeführern zu wünschen.

Der Geldgeber war nämlich verschwunden. Man hatte ihn noch gesehen, wie er auf der Pier in ein Taxi gestiegen war, aber seither fehlte jede Spur von ihm und auch von allem Geld, das er noch rechnerisch hätte besitzen können. McDowell-Ismay hatte selbst nichts mehr und saß als der alleinige Verlierer mit seinem Schiff auf dem Trockenen.

Hubsis Eltern schlossen die beiden voller Erleichterung in die Arme. Daß sie überlebt hatten; ob sie denn gar nichts von den vielen Schiffsuntergängen gehört hätten? Ja, die beiden Sachen mit dem Eisberg wußten sie. Aber sonst? Die rauchenden Wracks? Das konnte ja nicht sein – wenn so nahe bei ihnen etwas Schlimmes vorgefallen sein sollte, dann hätten sie es ja bemerken müssen. Die Häufung von Katastrophen zerstörte jedenfalls auf Jahre hinaus die Statistik für Seereisen; auf einmal gehörten sie

157

zu den gefährlichsten Arten der Fortbewegung, und die Werften hatten sich zu früh gefreut. Kreuzfahrten gerieten bis auf weiteres völlig aus der Mode.

*

Ein einsames Boot trieb auf dem Ozean.

Rainulf hatte den dicken Koffer mit seinem Schlauchboot vorsorglich in Stellung gebracht, leicht greifbar unter den Sitzbänken nahe am Heck, um im allerletzten Augenblick von Bord zu gehen und das Ende von außen zu erleben. Nun brannte alles rundum, und er besaß keine Kamera. Sollte er das junge Pärchen fragen, sich den Leuten anvertrauen, damit sie ihn wenigstens beteiligten? Nein, natürlich nicht. Er mußte seine Stunde abwarten. Die Gigantic fuhr mehrmals den Eisberg an; er wußte nicht, was vor sich ging. Wann sanken sie nun endlich? Innen geschah nichts; es gab kein großes Fest, niemand verriet, was mißlungen war, die Fahrgäste gingen schlecht gelaunt ins Bett. Und was nun? Müde schlurfte er wieder aufs Achterdeck, denn nun gab es ja kein Unglück mehr. Aber gebannt verfolgte er die Brände und Zusammenstöße um sich herum. Sah das wirklich niemand an Deck? Das Boot hatte er fest verstaut und verrammelt, damit es auch nach der Drehung des Schiffs auf den Bug noch fest an seinem Platz halten sollte; jetzt zog und zerrte er daran, um es wieder auszulösen. Er hatte gedacht, es nach oben herauszuziehen, nicht nach hinten. Rainulf setzte sich auf die Reling und riß am Riemen seines Rettungsmittels. Er schwitzte und fluchte, das Boot klemmte und widerstand, dann gab es einen einzigen Knall, und Boot wie Eigner flogen weit durch die Luft. Das Boot blies sich fauchend auf; Rainulf bekam im Gegenteil keine Luft im eisigen Wasser. Er paddelte und strampelte, klammerte sich an und zog sich zähneklappernd und schlotternd in sein Gummifloß.

Das war nun endlich das Erlebnis, auf das er immer gewartet hatte. Er ging durch seine Höllenfahrt. Mehr kann die Gnade des Schicksals einem Reporter nicht gewähren.

Zurück auf die Gigantic gab es keinen Weg; das Schiff hatte keine Einrichtungen, irgend jemanden oder etwas zu retten. Es war rettungslos gebaut. Und er wollte das auch gar nicht. Um ihn brannten und sanken Schiffe, schwammen Menschen, die entweder schrien und ertranken oder filmten, wie die anderen ertranken, ehe sie selbst ertranken. Er schlich sich zwischen ihnen herum; in seinem Boot war kein Platz für andere. Er wollte ja nicht helfen, er wollte berichten und reich werden. Das nun war es endlich; er in seinem kleinen Gummiboot zwischen den sinkenden Schiffen.

Mit der Zeit paddelte er geschickt aus dem Gebiet, wo ihn die sinkenden Opfer noch erreichen konnten; tief beeindruckt wartete er abseits, hörte die Schreie von Kälte und Verzweiflung, feilte im Kopf schon am treffenden Ausdruck und dachte daran, daß es in der Nacht der Titanic auch so geklungen haben mußte. Was wirklich geschehen war, verstand er nicht; daß es außergewöhnlich war, eine Katastrophe ohne Vergleich, sah er aber sofort.

Er merkte kaum mehr, wie er zitterte und fror, denn er war ja naß. Gegen Morgen, als die immer gleichen Brände und Hilferufe langsam nachließen und wirklich keine neuen Eindrücke mehr bringen konnten, ordnete er die Bordmittel und richtete sich ein. Bei Tageslicht konnte es nicht mehr lange dauern, daß man ihn fand und aus dem Wasser zog, und dann hatte er zu erzählen. Leider hatte er keine Bilder; sein Text sollte aber neue Maßstäbe in der Literaturgeschichte setzen. Er wollte den Roman aller Romane schreiben. Und im Kopf reihte er schon die Kapitel auf.

Dann hatte er sich umgezogen, unter seinem kleinen Gummizelt trockengelegt, und erst einmal schlief er tief und zufrieden und träumte von seinen Erfolgen als Schriftsteller. In seinem Unterbewußtsein fügten sich Beschreibungen voller Farbe und Saft zu Schilderungen von Grauen und Verzweiflung; nie sollte jemand den Todeskampf Ertrinkender so ergreifend dargestellt haben wie er – „das salzige Gurgeln des allerletzten Schreis, während die kalten Glieder noch immer vier Kilometer eisigen Entsetzens unter sich stemmen, längst unbewußt, weil die Seele schon die Hölle besucht, um sich von der Kälte zu erlösen..." Nein, war das gut! Wie kann man Rufe wirklicher Not so fesselnd wiedergeben, daß jeder sie versteht, daß jeder die echte Gänsehaut der nordatlantischen Frühjahrskälte nachfrieren kann? Nur so!

Als er wieder zu sich kam, war sein Boot weit abgetrieben. Längst war Tag. In der Ferne rauchten die letzten Wracks; die Gigantic wartete noch auf ihre Schlepper, und die Eisberge glänzten friedlich und unschuldig in der Sonne. Nun ja, es konnte nicht lange dauern, bis sie ihn neben allen Opfern fanden. Das sollte sich beschleunigen lassen, denn er hatte ja ein Funkgerät mitgenommen. Aber leider war gerade dies der Teil seiner Ausrüstung, an dem er gespart hatte. Erst konnte er die auf Tibetisch verfaßte Gebrauchsanweisung nicht entziffern, dann stellte er fest, daß sein billiges Gerät naß geworden war und als Erzeugnis des Hochgebirges mit dem Salzwasser der See nicht zurechtkam; es spuckte Funken und knatterte, aber sonst tat es nichts mehr. Also zog er sein Paddel heraus und fing an, sich den Resten der Presseflotte wieder zu nähern.

Er paddelte stundenlang. Die Schiffe waren riesig; seine Entfernung vom Ort des allgemeinen Sinkens hatte er unterschätzt.

Oder war er nachts doch so weit herausgefahren, um nicht mit seinem Schiffchen gestürmt zu werden? Nicht mehr neue Kälte schüttelte ihn, sondern das Fieber eines Schnupfens aus der Nässe von gestern. Helden sind unverzagt; dort vorn wurde gerettet, wo die schwarzen Schiffsskelette trieben. In der steigenden Körpertemperatur sah er auf den Wracks und den Decks der Gigantic schon das Nobelpreiskomitee stehen; auch den Pulitzerpreis hielt man ihm entgegen, und aus den Hubschraubern zielte man mit Mikrofonen auf ihn. Er erzählte seine Geschichte immer wieder neu, seine heldenhafte Fahrt durch die Mengen wasserschluckender, untergehender Menschen, seine Nervenstärke, all dieses Grauen ohne Scham und Scheu aufzunehmen, zu speichern und zu bewahren, um künftigen Geschlechtern davon berichten zu können.

Kaum merkte er, daß es wieder Nacht wurde und auch sie wieder verging. Eine neue Sonne brannte ihm ins Gesicht. Er fand keine Schiffe mehr; alle waren untergegangen. Es war eine Welt ohne Seefahrt geworden. Er war der letzte Zeuge vom Untergang der irdischen Flotte, er allein, der einzige Überlebende. Glühend verbrauchte er seine letzten Wasservorräte. Er wußte kaum mehr, wann es hell oder dunkel war; er war heiß, und die Welt war kalt. Sie mußten ihn retten; niemand außer ihm war als Zeuge mehr übrig. Und sie brauchten ihn, um ihm die Preise zu übergeben.

Nach mehr als einer Woche fanden sie ihn, ausgemergelt, vom Fieber ausgezehrt, nahe am Tod und faselnd von Ruhm und Ehre. Weit draußen auf See hatte ein Hubschrauberpilot einen Fleck in Orange gesehen; niemand hatte ihm geglaubt. Jack Player, ein heldenmütiger Reporter, hatte gegen großen Widerstand und mit biblischer Kraft der Überzeugung gepredigt und tagelang neu gesucht, selbst mit dabei im Hubschrauber, um vielleicht dieses eine Menschenleben zu retten, das man dort vermutete. Und sogar, wenn wirklich dort etwas trieb; wer sagte denn, daß darin jemand lebte? War es nicht vielleicht nur ein Müllsack, ein Plastiktank oder Behälter mit überflüssigem Wohlstandsgut aus einem der vielen untergegangenen Schiffe?

Aber der wackere Reporter wurde bestätigt. Einen halb verhungerten, zu drei Vierteln verdursteten, irre lallenden Menschen fanden sie, und die Welt nahm Anteil. Nicht nur das: Die packende Reportage eines fast hoffnungslosen Rettungsunternehmens über Tage hinweg, die Suche trotz so vieler Massentoter der Schiffsuntergänge nach einem einzelnen Opfer war eine Meisterleistung, und auch das aufrührende Buch darüber, wie man die zähen, trägen Behörden in Bewegung setzen mußte, weil ja vielleicht doch da draußen jemand in Gefahr war, brachte alle Preise, die der Berufsstand kennt. Solche Menschen, die sich nicht beirren lassen und sich für die Hilfe auch nur für einen einzigen einsetzen, brauchen wir.

Rainulf genas allmählich und setzte sich an sein Manuskript. Er schrieb ein halbes Jahr lang Tag und Nacht. Dann bot er es Verlagen und Zeitschriften an. Aber wer wollte noch etwas von Schiffbruch lesen? Das war nun wirklich ausgelutscht und verzehrt. Alles, was es über ihn zu wissen gab, hatte Jack Player veröffentlicht, und er hatte ihm, Rainulf Raaber, sein Buch noch persönlich signiert vor vielen Kameras siegreich geschenkt; die vielfältige Katastrophe um die Gignatic hatte jeder Fernsehzuschauer der Welt von den Kameras der ertrinkenden Reporter längst dutzendemal gesehen. Das wollte doch niemand mehr wissen. Und die Wahrheit über das Selbstmörderschiff war ja so etwas von langweilig geworden! Kein Verlag tat es sich an, das 800 Seiten dicke Manuskript zu kaufen, und als er es schließlich selbst veröffentlichte, verkaufte er genau 41 Stück.

Immerhin, er durfte für ein Provinzblatt eine Kritik über das Konzert dieser vergreisten Künstlerin schreiben, die alle Untergänge miterlebt und in Blues gefaßt hatte. Er fand nichts Gutes an der verrottet krächzenden Lucy Jordan, aber er log, und man zahlte ihm ein Höflichkeitshonorar, weil er wie immer kurz vor dem Verhungern war. Man hatte Mitleid für ihn übrig. Und er wurde zu den Vorträgen der uralten Überlebenden von der Gigantic geschickt und durfte ihre Bücher besprechen, denn davon verstand er ja immerhin ein bißchen und ein winziges bißchen sogar von Schiffsuntergängen.

*

Denn noch jemand wurde sehr reich. Diese alte Verehrerin von Schiffskatastrophen schrieb als erste ihr Buch, als man noch danach fragte – als sie die wohlgelungene Rezension von Rainulf las, fand sie: „Wenn ich Ihren Stil vorher gekannt hätte, dann hätte ich doch nur Sie als Ghostwriter genommen" –, dann ging sie auf Vortragsreisen und schwärmte von allem Unglück, das sie hatte sehen dürfen. Sie wurde weit über hundert Jahre alt, gestärkt und ermutigt von der Fülle dessen, was sie nun erzählen konnte, von so viel unfaßlichem Maß an Leid und Tod anderer, wie sie es überlebt hatte. Sie wurde von allen Fernsehanstalten eingeladen, und von Jahr zu Jahr sah sie jünger aus. Noch Zwanzigjährige machten ihr Heiratsanträge, und einen davon nahm sie an.

*

Und Lucy Jordan hatte sich wieder auf ihr Schloß in Frankreich zurückziehen wollen, aber man gönnte es ihr nicht. Die Presse stellte ihr nach. Am Ende wollte sie wenigstens den künstlerischen Selbstmord; als nur mehr prothetisch bezahnte Greisin nahm sie noch einmal eine Platte auf und beschrieb voller zwitschernder Nebengeräusche ihres nachgestalteten Gebisses die Enttäuschung, wenn das Schiff nicht sinkt. Das Titellied wurde der größte Erfolg ihrer Laufbahn. Das brüchige Knarren ihres Blues galt bald für die höchste Vollendung jedes musikalischen Ausdrucks, und sie konnte sich nicht dagegen retten. Vor allem dieser eklige Schmierer Rainulf Raaber...

*

George Seyffharrdth hatte auf einmal keinen Grund mehr, warum er sich umbringen sollte. Er war nun wirklich ein ausgewiesener Kapitän, und er hatte das größte Schiff seiner Zeit befehligt. Ja, er hatte es sogar heil in den Hafen gebracht, obwohl das gar nicht vorgesehen war, also gegen alle Widrigkeiten. Er schrieb seine Memoiren in fast so schwülstiger Sprache wie Rainulf Raaber und feierte sich als Retter der Siebentausend; seine gläubige Gemeinde von Lesern nahm es ihm ab, obwohl doch diese ihm anvertrauten Seelen alles von ihm gewollt hatten, nur eben keine Rettung. Er erfand sich rückwirkend ein Leben als wackerer Fahrensmann, den immer das Pech verfolgt hatte, bis er endlich zu seinem rechtmäßigen Patent aufstieg, und so weit das alles auch von allen Tatsachen entfernt dümpelte, glaubte er doch sehr bald selbst daran. Einem alten Seehelden laufen auch wieder junge Frauen nach, denn er kann ihnen nun leicht einreden, nicht das Alter habe ihn gegerbt, sondern die See und die Last der Verantwortung. War er es nicht, der alle diese Selbstmörder bekehrt und lebend in den sicheren Hafen gebracht hatte? Ach, er konnte sich manchmal kaum fassen vor lauter Bewunderung für sich selbst. Zwar hatte er nichts, rein gar nichts dafür getan, daß dieses Schiff seinen Untergang verfehlt hatte, aber darauf kam es doch nicht an; ein Kapitän ist immer verantwortlich für alles, was an Bord geschieht, ob er nun etwas damit zu tun hat oder nicht. Und damit hat er zwar nie die Schuld, weil er von Amts wegen immer einen Täter finden kann, dem er sie zuschiebt, aber doch immer das Verdienst. Seyffharrdth weidete sich an sich selbst im Kreis immer jüngerer Verehrerinnen, aber dann kam eine einsame Nacht, weil er Taten längst scheuen mußte. Seine Kräfte wallten schon lange nicht mehr so hoch auf wie sein Eigenruhm, aber sich und den Mädchen gab er die Schonung seiner selbst als Rücksicht auf ihre zarte Jugend und kostbare Tugend aus. In dieser besagten Nacht allein mit sich erschlug ihn nun seine atemlose Selbstbewunderung in Gestalt eines tödlichen Herzversagens. Er war seiner eigenen Größe nicht mehr gewachsen. Und der Bestatter sagte, er habe in seinem Leben noch nie eine so eitle und überhebliche Leiche gesehen.

*

In der schweizerischen Heimat des Steuermanns nahm man das Scheitern des wackeren Eidgenossen als biblisches Zeichen: Es sollte nun einmal nicht sein, daß Menschen mit dem Ende ihres Lebens spielen. Er wurde zum tragischen Helden verklärt, der erreicht hatte, was er nach seinem Auftrag nicht sollte: alle zu retten. Und er allein war den Weg in den Freitod gegangen, am Ende als Opfer für alle, die er gerettet hatte. Denn nicht der Kapitän, nur er war es, der ungewollt siebentausend Menschen in ein neues Leben gefahren hatte. Im Überschwang übertrugen seine Anhänger die Lehre aus seinem Mißgeschick auch auf Gegenstände, die nicht tot sein konnten, weil sie nie gelebt hatten, und sammelten Geld. Als Folge erweckten sie Lueggis alten Dampfer mit einer neuen Maschine und neuen Kesseln zu einem dritten Dasein, und seither furcht er im Gedenken an seinen alten

Steuermann wieder den See, auf dem er immer schon geschwommen ist.

*

Die geschäftliche Havarie ereilte aber die Black Star Shipping. Nun war schon von Anfang an die Frage gewesen, wogegen man ein Schiff eigentlich versichern kann, das dazu bestimmt ist unterzugehen. Kaum eine Gesellschaft hatte sich bereit gefunden, auf einem vorgefertigten Wrack auch nur das geringste Risiko zu übernehmen, einen Untergang gegen Fehlschlag zu versichern war in den Satzungen einfach nicht vorgesehen, und die Mitarbeiter der Firmen fanden sich allgemein nicht wendig genug, so etwas zu improvisieren. Wie versichert man ein Schiff gegen *keine* Havarie? Fitzgerald und sein amerikanischer Partner hatten versucht, zumindest das geschäftliche Risiko soweit möglich abzusichern. In den Geschäftsbedingungen war den Fahrgästen der Untergang nirgends wirklich garantiert worden, und Schadenersatzforderungen der Zuschauer auf den verschiedenen Besucherschiffen konnten leicht zurückgewiesen werden, auch mit dem Hinweis darauf, daß die tatsächlich eingetretenen unerwarteten Katastrophen journalistisch ein mehr als hinreichender Ersatz für die angekündigte Vorstellung gewesen waren. Aber es hatte viel Geld gekostet, das Schiff nach New York zu schleppen, die Passagiere weiter durchzufüttern, und ehe einige von ihnen vor Gericht gingen, um die Rückflugkosten ins Leben einzuklagen, hatte die Reederei sie aus vorauseilender Kulanz erstattet. Für die Eisberge auf der vielbefahrenen Strecke gab es weitere Klagen, die nicht abzuweisen waren; Eisberge hierher zu verbringen war zumindest grob fahrlässig. Vorher hatte das niemand bedacht, aber nachher, als alles mißlungen war, kreisten die Geier, und jeder wollte sich sein Stück von der Beute holen.

166

Und vor allem war der Name der Black Star restlos ruiniert; sie hätte, umgewandelt zur Medien-Verwertungsgesellschaft, noch jahrzehntelang den großen Reibach für den Namen Ismay bringen sollen.

Fitzgerald verwendete nur noch den ersten Teil seines Namens. Den Ruf seines Ahnherrn J. Bruce Ismay wiederherzustellen war ihm gründlich mißlungen. Er wußte nie, wie er sich bei ihm entschuldigen sollte. Urgroßonkel, das hast du wirklich nicht verdient! Am Ende rettete der Neffe einen kleinen Teil der Konkursmasse, indem er schnell die J.-Bruce-Ismay-Stiftung für Rettung aus Seenot gründete und damit gemeinnützig vor weiterer Verfolgung bewahrte. Es gelang ihm aber nicht, Verwalter dieser Einrichtung zu werden, was ihm wenigstens ein ordentliches Leben von den Spesen und ein kleines Gehalt unter der Pfändungsgrenze gesichert hätte. Er galt als unzuverlässig. Den Rest seines Lebens fristete er von der Sozialhilfe und bedauerte, daß es keine weiteren Schiffe für Selbstmörder gab.

Dem Andenken seines Verwandten war aber endlich geholfen. Die Ismay-Stiftung betreibt ein weltweites Netz von Rettungskreuzern und Hubschraubern an dünn besiedelten und vor allem gefährlichen Küsten, wo es keine einheimischen Stützpunkte gibt, und hat seit ihrer Gründung schon zur Bergung vieler Schiffbrüchiger beigetragen, die ohne sie sicher ertrunken wären. Und wofür J. Bruce einstmals beschimpft worden ist, hat die Welt längst vergessen, weil der Name heute für das Gegenteil steht.

Natürlich kamen doch die Schadenersatzprozesse. Kein Land gab bisher einem Selbstmörder recht, der überlebt hatte; jetzt fanden sich Richter für die ersten Musterurteile. Nach dem Vertrag hätten die Fahrgäste damit rechnen dürfen, daß sie nie mehr Geld brauchten; nun waren sie wieder an Land, lebten noch und hatten all ihren Wohlstand an Bord verpraßt. Menschen, die Reichtum gewöhnt waren, hungerten nun und waren zu alt, um noch einmal etwas zu verdienen. Und auf einmal gab es Richter, die ihnen Schadenersatz zugestanden. Fitzgerald hatte die Mittel dafür nicht. Morgan war untergetaucht. Dutzende von Versicherungsgesellschaften gingen an den Zahlungen zugrunde.

Mit Morgan war Fitzgerald endgültig zerworfen. Der alte Mann gab ihm allein die Schuld an allem Scheitern des Scheiterns. Er war mit dem Rest seines Reichtums in irgendeinem Untergrund verschwunden. Das unversenkbare Wrack für das mißlungene Jubiläum war im weiten Ausmaß seines Besitzes auch nur ein Erdnüßchen für ihn gewesen, und er war nicht schnell zu vernichten. So einfach wurde er sein Geld nicht los. Nun suchte er mühsam ein anderes Vorhaben, mit dem er sich weithin auffällig selbst zugrunde bringen und ein Denkmal seines Untergangs errichten konnte. Er war ja nicht etwa seines Lebens überdrüssig; ihm fehlte nichts als Ruhm. Schließlich steckte er einen Teil seiner umfangreichen Mittel in ein Unternehmen für Schiffsbergungen und holte nacheinander die Bismarck, die Andrea Doria und so manches andere berühmte Schiff vom Grund. Er versuchte, überall persönlich dabei zu sein, und trieb sich auf den glatten, nassen Decks der Spezialschiffe herum. Aber damit gelang ihm auch kein Unfall, mit dem er in die Schiffahrtsbücher der Zukunft eingehen konnte. Seine Mannschaften hüteten ihn zu sehr vor jeder Gefahr. Nun saß der alte Mann in seinem Landhaus an der Küste in einem Land weit abseits aller Verfolgung durch Gläubiger der Gigantic und starrte verbissen aufs Meer hinaus, und es heißt, er habe jede Meldung über geschäftliche Erfolge seines Hebungsunternehmens mit Äußerungen sehr schlechter Laune entgegengenommen.

Hubsi war der erste gewesen, der einzige blieb er nicht. Natürlich hatte sich auch manch ein anderer heimliche Nummern und geheime Zugangswörter zu den Lagern erbeuteten Geldes gemerkt. Auch manche alten Menschen hatten noch ein geübtes Gedächtnis für Zahlen und andere Angaben solcher Art, die man besser nirgends in der wirklichen Welt verzeichnet aufbewahrt. Hubsi hätte sich also nie sorgen müssen, daß man später ausgerechnet an ihn denken könnte, um sich zu rächen. Und er hatte ja immer nur Steuern eingezogen, nirgends ganze Vermögen.

Denn die alten Herrschaften nahmen sich auch gegenseitig die Gelder ab, verschoben ihre eigenen Konten, änderten Losungswörter und mehr, aber am Ende tauschten die meisten unter ihnen nur die Reichtümer einigermaßen gleichmäßig aus. Der eine, so stolze Hinterzieher wies allerdings zu seinem eigenen Entsetzen ein vollständig geplündertes Konto aus, konnte es aber nun den Behörden unbeschadet vorlegen, und die geschehenen Abbuchungen waren unter Begriffen eingetragen, die selbstverständlich alle nach ordentlichem Geschäft oder aber steuerfreien Spenden aussahen, so daß er zumindest vor Recht und Gesetz auf einmal sauber dastand. Selbst sehr verblüfft, klagte nun auch er wegen seiner unvorhergesehenen Armut gegen die Black Star und ruinierte damit seinerseits eine Versicherungsgesellschaft.

*

Zu allgemeiner Überraschung ging es nach der Reise den meisten ihrer Teilnehmer sehr gut, und diese meisten dachten nicht noch einmal daran, ihr Leben künstlich zu beenden. Der eine Tatbestand war, daß die rauschend verbrachte Ballnacht, die Anstrengung bis an die Grenzen des Möglichen und die wollüstige Herausforderung aller Vergnügungssucht ohne Gewissen und Rücksicht alle diese Menschen seelisch geläutert und von sämtlichen tiefenpsychologischen Lasten gereinigt hatte. Außerdem hatten sie ihren Kreislauf so sehr beschwingt und belebt, daß sie durchschnittlich um fünfzehn Jahre verjüngt zurückkamen. Die ausufernde Ballnacht hatte den Leuten einen Entalterungsschub gegeben, wie ihn die Schulmedizin nicht kannte. James wurde auf seine letzten Jahrzehnte zum schrankenlosen und beneidenswert erfolgreichen Schürzenjäger, und auch den meisten anderen ging es so. Etliche unheilbar krank an Bord gegangene Fahrgäste kamen wesentlich gebessert, einige sogar wundersam genesen wieder an Land. Hoffnungslose Fälle überlebten noch um Jahre, und auch die, denen die Reise das Leben nicht wirklich retten konnte, starben leicht und friedlich.

Aber auch die Ernährung hatte offenbar ihren Teil beigetragen. Es beschäftigte ganze Hochschulen voller medizinischer Forscher zu ergründen, wie denn diese vielen alten Menschen, die in ihren vermeintlich letzten Tagen gegen alle Regeln der ärztlichen Weisheit geschlemmt und gepraßt hatten, daraufhin so strotzend vor Gesundheit von Bord gehen konnten. Manche, die noch nicht zu alt waren, griffen wieder ins Leben und gewannen neue Grundlagen für ihr Dasein, viele konnten Geld verdienen, indem sie ihre Erlebnisse verkauften, andere waren froh, überflüssigen Wohlstand abgeschüttelt zu haben, jedenfalls waren die meisten auf einmal voller Lebenswillen und unternehmendem Mut, und fast allen war die eigentlich letzte Reise äußerst gut bekommen.

François Lemurcq erholte sich am Abend der Entscheidung nicht so schnell wieder, wie er erwartet hatte. Sein Magen war unerfindlich beleidigt, sein Darm später auch, und er schleppte sich zwischen Koje und Kämmerchen hin und her. Soviel wußte er noch: Irgendwann mußte das Schiff kippen, und dann durfte sein

Zuckerwürfel nicht in irgendeiner Ritze verschwinden. Ertrinken in eiskaltem Wasser ist schon für sich eklig, aber noch verbunden mit Brechdurchfall, das ist etwas zuviel. Er dachte auch daran, das Verfahren noch weiter abzukürzen, als sich abzeichnete, daß er bis zum entscheidenden Ereignis wohl sicher nicht mehr deckfähig sein konnte, und den sogenannten Zucker schon vor der Zeit zu lutschen. Zwischendurch schlief er aber ein und wachte erst lange nach dem versprochenen Zeitpunkt wieder auf. Es ging ihm weiterhin schlecht, und er dachte nach, ob er schon in irgendeinem Jenseits war. Aber man klärte ihn bald auf.

Sein Zustand wuchs sich zu einer üppigen Darmgrippe aus. In New York bettete man ihn für die nächsten Tage in ein Krankenhaus um. Und als er wankend und noch etwas benebelt wieder herauskam, war das nächste umfassende Unglück schon wieder geschehen. Aber er war so klug, gar nichts zu sagen und für künftig nie etwas zu wissen, als er noch einmal an Bord ging und vergeblich einen gewissen Schlüssel suchte. Denn retten konnte er schon nichts mehr...

McDowell-Ismay hatte so schnell wie möglich die Konkursmasse zu Geld zu machen versucht. Was immer noch an Bord war, was nur irgendwie jemand brauchen konnte, wurde sofort verkauft. Darunter auch die Vorräte, darunter auch die, zu denen man nur mit dem Schlüssel vordringen konnte, der in der Tasche des Kittels lag, den man nur mit dem Schlüssel erreichte, der in Lemurcqs Kabine lag – die so verpackten tiefgefrorenen Pilze mußten eine besondere Kostbarkeit sein, wenn der Koch sie so sorgfältig verwahrt hatte. Es bot sich an, sie deshalb nicht in den wenigen ganzen Kisten, sondern in vielen winzigen Portionen abgepackt einzeln zu versteigern, und natürlich kauften von diesem Luxusschiff die besten Köche aus den teuersten Häusern.

Was danach ungefähr geschah, denkt sich jeder aufmerksame Leser natürlich sofort. Aber zur Verschärfung des Tatbestandes ist Folgendes zu bedenken: Schon Lemurcq hatte eingerechnet, daß die Wirkung des Knollenblätterpilzes mit starker Verzögerung eintritt. Wenn ein Patient mit Erscheinungen eines schlimmen organischen Zusammenbruchs in einer Notaufnahme erscheint, fragt man ihn nicht, solange er noch antworten kann, wo und was er in den letzten beiden Tagen gegessen hat. Ferner wird ein Restaurant mit wenigen Plätzen für ungewöhnlich gut zahlende Gäste eine solche Kostbarkeit wie Pilze von der Gigantic je Abend nicht oft verkaufen. Es dauert also, auf jedes einzelne dieser Häuser gerechnet, ziemlich lange, sagen wir, mindestens ein Dutzend Tote, bis ein zuständiger Ermittler einen Zusammenhang vermuten wird. Und giftige Pilze erwartet in einem gut beleumundeten und noch besser bezahlten Gasthaus zunächst einmal niemand, so daß der Verdacht ziemlich fern liegt, nach so etwas zu suchen.

Jedenfalls war die Wirkung größer als die der Zuckerwürfel in Wien, nur schlich sie langsamer voran, und letzten Endes wurde der Zusammenhang nie endgültig geklärt. Nach durchschnittlich fünfzehn Todesfällen je Restaurant war es jeweils soweit, daß der Koch auffiel, und es kostete eine stattliche Anzahl von gut besternten Fachleuten ihre weitere Laufbahn und meistens die Freiheit. In Amerika, wo dies alles geschah, bedeutete der besagte Vorgang, daß der Ruf der gesamten guten Küche zerstört wurde, sie als grundsätzlich gesundheitlich bedenklich galt und die Leute auf Jahrzehnte hinaus endgültig nur noch breitgedrücktes Hackfleisch in matschigen Brötchen aus Menschenfutterfabriken fraßen und ihre Gesundheit soweit zerrütteten, daß die statistische Lebenserwartung innerhalb kurzer Zeit um ungefähr sieben Jahre sank. Allerdings stiegen die Einkommen der Ärzte im gleichen Abschnitt der Geschichte des Niedergangs menschlicher

Ernährung ziemlich drastisch, und die Fachleute rätselten an den Gründen herum.

Anders liefen die Belange der Gastronomie in Europa ab. Der größte Teil der Fahrgäste an Bord der Gigantic war vom alten Kontinent aus gereist und dorthin zurückgekehrt. Die Ärzte nahmen teilweise todkrank gewesene Patienten wieder in Empfang. Und nun stellte sich das Wunder heraus, daß der großen Mehrzahl die Reise auf dem Jubiläumsschiff gesundheitlich ausnehmend gut bekommen war. Während dieser Tage aber hatte Lemurcq sie mit großer Mühe gegen alle eingeführten Regeln der Heilkunde ernährt.

Daraufhin geschah ein Umschwung der europäischen Ernährungswissenschaft um ziemlich genau 180°. Lemurcq eröffnete ein Sanatorium, das er nach sich benannte, betrieb es mit der Diät nach ebenfalls seinem Namen und pflegte Leute dadurch gesund, daß er sie unmäßig schlemmen ließ, vor allem mit reichhaltigem Essen spät in der Nacht, unregelmäßigen Mahlzeiten, Schweinefett, viel Alkohol zum Essen, hohem Brennwert und mehr. Und damit war nun doch noch erreicht, was er immer gewünscht hatte: Er war der Meisterkoch, und alle strömten zu ihm hin. Er reiste zu medizinischen Fachtagungen, erklärte und erläuterte, er schloß zur Vorbeugung ein Restaurant an seine Klinik an, und man warf ihm die Sterne nach, daß ihm die Zacken wehtaten.

*

„Ach, das war *so* schön", schwärmte Aggi, und auch Hubsi hatte sich inzwischen überzeugen lassen. Es war ihnen gutgegangen, sie hatten ihr Leben genossen und sogar noch Geld dazuverdient, weit mehr, als die Zusatzkosten der Reise ausgemacht hatten. Hubsi konnte endlich eine ordentliche Firma aufmachen, und mit

Aggis Beratung wurde sogar etwas Beständiges daraus. Manchmal hatte es doch Vorteile, eine entschlossene Frau zu haben. Irgendwoher hatte Aggi längst etwas gelesen, woraus sie eine neue Marktlücke erschnüffelte: Selbstmord wurde neuerdings gesellschaftsfähig. Sie hatte sich nie getraut, daraus Hubsi wirklich einen Vorschlag anzubieten. Aber nun hatten sie beide die vielen wunderlichen Greise auf dem schönen Schiff erlebt, die doch so offensichtlich nichts mit ihrem Leben anfangen konnten. Jetzt fiel es ihm sogar selbst ein. Und so machte ihr Hubsi mit seinem vielen Geld das erste Fachgeschäft für Freitodbedarf auf. Er war gerade rechtzeitig zur Stelle, um eine Ladenkette begründen zu können; so etwas brauchte die neue Zeit, und er hatte Geld genug, sofort ganz groß einzusteigen. Es gab feste Seile mit Beipackzettel zur Anleitung für Henkerknoten, Schlagader-Klingen und mitgelieferte Ablauftrichter, um die Wohnung nicht zu besudeln, Starkstromelektroden für die heimische Steckdose, Zyankali-Zuckerwürfel... Angesichts des letzten Erzeugnisse kam Aggi auch Jahrzehnte später immer wieder ins Grübeln: „Komisch, an irgendwas erinnert mich das. Wenn ich bloß wüßte, was?" Und beide kamen auf den eigenartigen und abseitigen Gedanken, dieses Geschäft „Titanic" zu nennen.

Sie konnten sich mehr als ihr Häuschen leisten, bauten stattdessen eine Villa, heirateten und gründeten eine Familie; alles hatten sie dem Anschub durch die Erbtante zu verdanken, die sie lebenslang in ehrendem Andenken hielten.

Und noch ein bißchen Geld kam herein, als sich die Presse meldete. Noch wußten die Journalisten nicht, ob nicht doch irgendwann eine Nachfrage am Gigantic-Stoff aufkommen konnte, und ein paar Leute ermittelten. An Bord hatte ja begreiflicherweise sonst niemand fotografiert; von ihnen konnte man aber Bilder kaufen. Mitreisende hatten sich daran erinnert. Sie verstanden zwar nicht, warum die Andenken so viel Geld wert sein sollten, aber für ein entsprechend hohes Angebot verkauften sie die Rechte natürlich gern. In den Redaktionen ärgerte man sich später über die nutzlose Ausgabe.

*

Die aufgebesserte Gesundheit hinderte natürlich keinen der genesenen Greise, die Jubiläumsfahrt vor Gericht als Schaden zu beklagen und gern anzunehmen, was jeder sich zusprechen ließ. So schnell wie möglich ging darum die Black Star Shipping in Konkurs, damit die Firmeninhaber noch ihre privaten Mittel retten konnten. Die meisten taten es mit einigem Geschick. Als nutzbare Masse blieb das Schiff; damit vertröstete man die Gläubiger über die entscheidenden Tage, bis man sich in verschiedene steuerbegünstigte Landschaften abgesetzt hatte; dann hatten die auch bemerkt, daß die Gigantic neugebauter Schrott war. Man konnte allenfalls versuchen, den von Hause aus minderen Materialwert zu nutzen.

Aber auch das erwies sich als unmöglich. Ähnlich wie Brunels „Great Eastern" war das Schiff nur ein Klotz am Bein. Mit seinen abgewirtschafteten Maschinen konnte es nichts mehr leisten; es auch nur nochmals zu betanken hätte erfordert, einiges neu einzubauen. Die Abwrack-Zwischengesellschaft ging als nächster Eigner pleite, denn die Verschrottung wurde um so teurer, je mehr sie sich als undurchführbar zeigte. Auch die Abbauer wurden mit dem minderwertigen Baustahl nicht fertig. Die Schweißnähte waren von der Bauwerft nicht nur um das eingeplante Leck herum so verzweifelt fest geraten, sondern auch überall sonst wäre es anders nicht möglich gewesen, dieses Schrottwerk zusammenzuhalten. Und das mindere Material selbst zwischen den Fugen verhielt sich eher wie Gummi als wie Stahl, es wich jedem Versuch der Zerstörung aus. Zu vertretbaren Kosten wurde niemand damit fertig. Sogar eine Sprengung hätte das Schiff wahrscheinlich nur ausgebeult und seine wertlose Inneneinrichtung vernichtet.

Über mehrere Zwischenstufen erwies sich die Gigantic hartnäckig als ungeeignet für alles, was immer man auch mit ihr anfangen wollte, und sie ruinierte weiterhin mehrere Eigner. Als Hotel taugte sie nicht, denn sie war nicht dafür gedacht, sie von Land aus zu versorgen; alles mußte mühsam einzeln an Bord gebracht werden. Als Lagerraum war sie zu sehr verbaut. Für einen Umbau zu einem fahrtüchtigen Kreuzfahrtschiff war ihr Tiefgang mit dreizehn Metern zu groß, einfach für alles war sie unbrauchbar. Nicht einmal als Tauchziel und Gerüst für ein Korallenriff taugte sie, denn man wußte ja, daß sie mit bezahlbaren Mitteln nicht versenkbar war. Keiner wollte sie kaufen, aber wenn ihre jeweiligen Besitzer an ihr bankrott gingen, gab es notgedrungen immer irgend jemanden, dem sie zwangsläufig gehörte; oft genug waren es die Behörden des Hafens, wo sie gerade lag. Mehrmals wurde sie über die Meere herumgeschleppt und kostete weiteres Geld; auch für Schleppfahrten war sie nicht gut. Verschiedene Staaten zahlten an gutwillige Unternehmer dicke Zuschüsse, damit sie das unbrauchbare Gerät nur bitte doch übernahmen.

Immer mehr Firmen gingen an ihr unter, aber sie selbst überlebte. Dann lag sie monatelang in Häfen im Weg, versperrte teure Liegeplätze und rostete, bis sie als allgemeine Gefahr dümpelte; dann wurde sie wieder einmal teuer neu gestrichen und notgedrungen wieder instandgesetzt, weil sie so doch weniger gefährlich war, als wenn sie ungeregelt rostete, und irgendeinen Dummen traf es immer, der dem Namen nach gerade der Besitzer war und dafür bezahlen mußte.

Als die immer unglückliche Great Eastern abgewrackt wurde, zu ihrer Zeit das mit weitem Abstand größte aller Schiffe, auch sie unter großen Schwierigkeiten, fanden die Arbeiter zwischen den Schichten der doppelten Außenhaut ein Skelett. Und danach war klar, daß dieses Schiff ein schlimmes Schicksal haben mußte; so etwas bringt natürlich viel mehr Unglück als jede nicht zerschollene Flasche.

Bei einer der vielen Werftüberholungen, die man der unbrauchbaren Gigantic verordnen mußte, fand sich im Gegenteil eine Stahlplatte am Kiel mit einer Herkunft ganz umgekehrter Bedeutung: In der Schrottmasse, aus der das Schiff gebaut worden war, hatte sich ein Haufen Alteisen befunden, den man einer Münchener Brauerei abgekauft hatte. Er bestand aus mehr als einer Tonne abgeschlurfter Hufeisen der schweren Brauereipferde, die jährlich zum Oktoberfest die Wagen mit Bierfässern voller Prunk zur Festwiese ziehen. Der Rohstoff war nur lässig eingeschmolzen worden, und man konnte von unten her der Kielplatte deutlich ansehen, woraus sie bestand.

Daß ein solcher geballter Klumpen Glücksbringer dieses Schiff vor jedem Unfall unausweichlich bewahren und alle seine Mitreisenden vor jeder Art von Verhängnis verläßlich hüten mußte, sogar vor Selbstgewähltem, war sofort jedem Fahrensmann klar.

Das Elend zog sich hin, bis ihre eigene Unzerstörbarkeit langsam sprichwörtlich wurde und ihr schließlich die endgültige Aufgabe eintrug: Die UNO hatte Bedarf an genau so etwas. Man brauchte ein verläßlich sicheres Hilfs-, Lazarett- und Wohnschiff, eine wirklich unzerstörbare Festung, auf der man Flüchtlinge unterbringen konnte, ohne daß sie es je schaffen sollten, sie zu verwüsten. Dieser ganz und gar unversenkbare Schwimmkörper war besser als jedes andere Gerät für den Einsatz in Krisengebieten geeignet. Und so wurde die ehemalige Gigantic als Rettungsbringer nach und nach überall dort verankert, wo Menschen in großer Zahl Menschen umbrachten, um die nur halbtoten Opfer dort aufzupäppeln, damit man neu auf sie schießen konnte. Jahrzehntelang war das Schiff die Zuflucht der Verzweifelten, äußerlich zwar bald sehr heruntergekommen, aber gastlich und trostreich im Inneren und vor allem völlig unsinkbar und zerstörungsfest. Innen war jeder Anschein einer kostbaren Ausstattung schnell vernichtet, aber danach gab sich niemand mehr Mühe, etwas kaputtzumachen, denn schlimmer als dieses Neubauwrack an sich gestaltet war, sobald die Tünche auf den Wänden fehlte, konnte aller Mutwille es nicht mehr machen. Es sah bald aus wie eine moderne Höhle, und dabei blieb es dann.

* * *